Rossano Pecoraro
Eladio Constantino Pablo Craia
Org.

Ontologia e política

A natureza do político na nossa contemporaneidade

KOTTER EDITORIAL

Programa de PÓS-GRADUAÇÃO EM FILOSOFIA PUCPR

Diretor editorial: Sálvio Nienkötter
Coordenação editorial: Claudecir de Oliveira Rocha
Editor-executivo: Claudecir de Oliveira Rocha
Editor-assistente: Luiz Felipe Cunha
Capa: Jussara Salazar
Design editorial: Carlos Garcia Fernandes
Produção: Joehverson Guslem Jacob
Preparação de originais e revisão: O Autor

Todas as traduções foram feitas pelos organizadores

Dados Internacionais de Catalogação na Publicação (CIP)
Angelica Ilacqua CRB-8/7057

O68

Ontologia e política - a natureza do político na nossa contemporaneidade / organizado por Rossano Pecoraro, Eladio Constantino Pablo Craia. — Curitiba : Kotter editorial, 2023.
220 p.

Bibliografia
ISBN 978-65-5361-270-9

1. Filosofia 2. Ontologia 3. Ciência política I. Pecoraro, Rossano II. Craia, Eladio Constantino Pablo

CDD 100

25-1730

KOTTER EDITORIAL

Kotter Editorial Ltda.
Rua das Cerejeiras, 194
CEP: 82700-510 - Curitiba - PR
Tel. + 55(41) 3585-5161
www.kotter.com.br | contato@kotter.com.br

Feito o depósito legal
1ª Edição
2023

Programa de
PÓS-GRADUAÇÃO
EM FILOSOFIA
PUCPR

Rossano Pecoraro
Eladio Constantino Pablo Craia
Org.

Ontologia e política

A natureza do político na nossa contemporaneidade

Sumário

Entre ontologia e política, uma tarefa da filosofia

Assim como um dos *leitmotivs* centrais da modernidade tardia foi o projeto de superação da metafísica, a filosofia contemporânea — em sua vertente mais propositiva — continua a se articular em torno da emergência de uma *ontologia não identitária e não metafísica*. Tal movimento, longe de constituir um consenso homogêneo, se organiza majoritariamente em torno de uma tradição específica, cujos marcos teóricos são configurados pelas obras de Heidegger, Deleuze, Simondon, Badiou, Derrida, Ferraris, entre outros, e pelas múltiplas derivações, agenciamentos e reinterpretações que estas suscitaram. Pode-se afirmar, sem grande exagero, que essa transmutação ontológica figura entre as conquistas mais relevantes do pensamento filosófico contemporâneo.

De modo sumário — e necessariamente redutivo — poderíamos descrever os traços distintivos dessa nova ontologia por meio das categorias de relação, devir e diferença. Em contraste com a ontologia clássica, fundada na identidade e na substancialidade, trata-se aqui de uma ontologia que desloca o foco da *pergunta pelo ser* para uma *interrogação plural e incessante pelos sentidos do ser*. Em outras palavras, a questão ontológica não incide mais sobre a substância do ente, mas sobre as formas pelas quais o real se mostra, se diferencia e se constitui no plano fenomenológico, linguístico e pragmático. Quando este texto convoca, já em seu título, a categoria de ontologia, é sob esse prisma que tal categoria deve ser compreendida: como uma problematização imanente, historicamente situada, e refratária a qualquer essencialismo.

No plano estritamente político — que nos interessa aqui de maneira mais direta — algumas determinações históricas conferem à política contemporânea sua estrutura própria e sua dinâmica específica. Dentre as diversas condições possíveis, destacamos duas. A primeira, e mais evidente, reside na formulação e consolidação histórica de uma crítica teórica e prática ao sistema capitalista, vigente desde o século XIX. Essa crítica constitui o que reconhecemos, em termos de genealogia político-filosófica, como a emergência da "alternativa socialista". Inicialmente plural e especulativa, essa alternativa assumiu formas mais determinadas nos modelos soviético e chinês, cujas trajetórias — do ímpeto revolucionário à institucionalização, e, no caso soviético, ao colapso — delineiam o horizonte trágico e complexo das tentativas de superação sistêmica do capitalismo. Na China, como se sabe, tal movimento resultou numa inflexão singular, que conjuga formas de autoritarismo político com práticas de capitalismo de Estado, compondo uma figura híbrida ainda em processo de decantação histórica.

A segunda determinação estrutural do presente político refere-se à primazia da técnica como fator organizador e transformador das formas de poder, de subjetividade e de soberania. O avanço exponencial das tecnologias digitais, a financeirização algorítmica da economia, o controle de dados e a lógica das plataformas impõem desafios teóricos, jurídicos e epistemológicos incontornáveis. Tais transformações deslocam a questão da política para domínios que envolvem a propriedade e circulação do conhecimento, os regimes de regulação e de governança tecnológica, bem como as disputas geopolíticas em torno do acesso e do domínio dessas infraestruturas. O Brasil — e, em sentido mais amplo, a América Latina — é interpelado por esse novo cenário geocultural, seja como periferia tecnológica, seja como espaço de resistências e reconfigurações possíveis. Em todos os casos, torna-se urgente pensar politicamente a técnica e, ao mesmo tempo, pensar a política a partir da técnica.

Ora, num plano mais eidético, emergem problemáticas endógenas à interseção entre ontologia e política. Se é verdade que a ontologia — entendida como investigação dos modos de sentido que atribuímos à realidade — informa decisivamente as formas pelas quais o mundo é compreendido, organizado e disputado, então torna-se inevitável explorar as imbricações entre modos de ser e formas de poder. Trata-se de um campo fértil e estratégico de reflexão, no qual categorias como indivíduo, coletividade, agência, estrutura e acontecimento não apenas adquirem densidade ontológica, mas também se articulam a programas políticos concretos. Uma ontologia que privilegia a autonomia individual, por exemplo, tende a sustentar dispositivos liberais de governança; ao passo que uma ontologia relacional e coletiva poderá fundamentar práticas políticas orientadas à justiça distributiva, à solidariedade e à construção de um comum.

É nesse horizonte de entrecruzamento — denso, polêmico e produtivo — entre filosofia primeira e teoria política que a presente obra se inscreve. Os textos que a compõem, na pluralidade de suas abordagens e posições, conformam um espaço reflexivo em que a ontologia é convocada não como um saber abstrato, mas como uma ferramenta crítica e especulativa para pensar os impasses, os desafios e as potências do político no tempo presente.

Os organizadores

Ontologia e política: Potencialidades e riscos de uma coincidência sem resíduos

LAURA BAZZICALUPO

1. O retorno da ontologia

A relação entre ontologia e política é sempre muito estreita: não existe nenhuma teoria política, nem crítica à política, que não pressuponha uma ontologia, mesmo quando esta é negada. Na modernidade, no entanto, a perspectiva epistemológica e construtivista do objeto/mundo, espaço, tempo, natureza e ser é progressivamente acentuada.

Prevalece, portanto, a ótica antropocêntrica e subjetivista — o simbólico e a representação — em relação ao ser, com consequências diretas no pensamento e na prática política, que se tornam construtivas e voluntaristas.

A epistemologia (científica, filosófico-histórica ou hermenêutica) fagocita a ontologia nas práticas, técnicas e teorias que inscrevem a realidade em uma ordem que a torne utilizável e governável.

Esse processo dominante — contestado, no entanto, por correntes minoritárias como o naturalismo spinoziano, bergsoniano ou nietzschiano, ou, sob uma perspectiva muito diferente, pela biologia evolutiva — atinge seu ápice nos anos do culturalismo desconstrucionista, quando Ser, fundamento, natureza e objetividade se dissolvem sob os golpes da historicização desenfreada.

A atual virada do pensamento em direção à ontologia reage precisamente a esse longo predomínio, especialmente à chamada 'virada linguística', que, partindo da perda de fundamento, considerou possível operar exclusivamente no nível linguístico e histórico, enquanto o ser-em-si permanecia, por definição, inatingível: o não-dito, o não-representado ou simplesmente o nada, a contingência absoluta. Para Derrida, ontos é um lugar fantasioso, mas dotado de capacidades performativas e fundadoras (no que diz respeito a Marx, o valor de uso; ou, a Nietzsche, a grande razão do corpo...).

Nesse ponto também se posiciona grande parte do pensamento político crítico, comumente chamado de pós-fundacional, desde Foucault até, com diferentes ênfases, Lefort, Laclau, Badiou e Žižek.[1]

No entanto, o termo pós-fundacional expressa, mesmo nesses casos, a dependência negada e afirmada do fundamento ontológico e, portanto, a aceitação paradoxalmente 'positiva' de uma relação, ainda que problemática e conscientemente 'apagada', com o Ser e, se falarmos de política, com a imanência aos dados e à factualidade social.

Trata-se de uma forma de ontologia negativa, onde o horizonte do ser é assumido sob o signo da negação: tanto no sentido de uma ausência de fundamento objetivo que legitime as práticas humanas (sejam identidade, etnia, tradição, antropologia) — práticas que, portanto, tornam-se eventos radicalmente historicizados, efeitos de escolhas voluntaristas e posicionamentos situados e parciais — quanto no sentido, talvez mais difundido, de uma inatingibilidade estrutural (e, portanto, ontológica, não

---

[1] Cfr. O. Marchant, *Post-foundational political thought. Political difference in Nancy, Lefort, Badiou and Laclau*, Edinburgh University Press, Edinburg 2007

contingente) do fundamento, do Real (para usar uma referência lacaniana presente em muitos desses pensadores).

Nessa mesma época — estamos nos anos 1960 e 1970 —, no entanto, inicia-se a reabilitação oposta do "clamor do ser"[2]: a virada ontológica 'afirmativa' que desenvolve essas correntes minoritárias da modernidade mencionadas anteriormente.

Do ponto de vista filosófico (que, aliás, imediatamente se torna político), é Deleuze e a corrente neospinozista que, embora compartilhem com os pós-fundacionais a crítica ao capitalismo e muitas das batalhas políticas, revitalizam a ontologia, recorrendo diretamente, radicalmente, ao nível pré-linguístico do ser. Isso significa adesão à *aisthesis* e ao corpo 'sem órgãos', dissolvido no fluxo indeterminado de energia, tornando-se impessoal, pré-individual[3].

Essa ontologia da vida é, por natureza, imediatamente relacional, social e política — ainda que as camadas organizativas do capitalismo e do Estado a capturem, mas nunca definitivamente[4].

A socialidade intrínseca e a politicidade do Ser dependem da natureza desse Ser não transcendente, que, em sua imanência, só pode se manifestar como multiplicidade, diferença e incessante devir.

No entanto, a corrente neo-spinozista é apenas uma das vertentes do retorno à ontologia, que se tornou predominante desde o início deste século. Realismo e naturalismo, em formas muito diferentes entre si, mas com uma prevalência científica, positivista, objetivista e tecnocrática, lançam um ataque severo à abordagem desconstrucionista, em nome de uma ontologia não apenas materialista (como a neo-spinoziana), mas também reducionista e determinista. Mantendo, assim, as características da metafísica científica pré-crise, essa ontologia não pode deixar de ser sempre e diretamente normativa.[5]

---

[2] Cfr. A. Badiou, *Deleuze: La clameur de l'Etre*, Hachette, Paris 1997

[3] G. Deleuze, *Différence et répétition*, Puf, Paris 1968; trad. it. Cortina, Milano 1997

[4] G.Deleuze F. Guattari *L'Anti-OEdipe. Capitalisme et schizophrénie 1*, tr. it., Einaudi, Torino; G. Deleuze, F. Guattari, *Mille plateaux. Capitalisme et Schizophrenie 2.*, tr it, Castelvecchi, Roma 2003

[5] Cfr. ad es. G. Markus, *Il senso dell'esistenza. Per un nuovo realismo ontologico*, Presentação de M. Ferraris, Carocci, Roma 2012; e W.Sellars, *Naturalismo e ontologia*, Mimesis, Milano 2019

Muito diferentes entre si, ambas são ontologias da imanência absoluta ao ser — seja ele virtual-atual, impessoal-social ou natural-biológico. É importante notar que, em ambas, a imanência absoluta se traduz em coincidência direta com a política, pois a informam diretamente, sem mediações. No entanto, uma política que coincide com a ontologia social ou naturalista poderia até mesmo ser chamada de não-política, despolitização ou a-politicidade, se assumirmos (como essas teorias de fato não fazem) que a política tenha uma natureza, se não autônoma, ao menos específica. Nessas ontologias, a coincidência implica a dissolução progressiva da política no social e/ou na administração, como veremos.

Esse ponto, não isento de riscos, marca a profunda divergência entre ambas e a mediação artificial e especificamente política das posições pós-fundacionais, que constroem o político sobre a negação do acesso ontológico.

O objetivo deste ensaio é destacar as ambivalências políticas que emergem da reintrodução de ontologias 'afirmativas', que esgotam o ser em sua imanência como diretamente autonormativa. As posições pós-fundacionais também serão brevemente examinadas, não apenas porque servem como um contraponto esclarecedor, mas também porque, paradoxalmente invertidas, pressupõem uma ontologia (afirmada na negação) que, como tal, produz efeitos políticos.

A virada ontológica é, em qualquer caso, um anti '*linguistic turn*' e manifesta a crise radical da lógica dualista e dialética moderna. No âmbito filosófico-político, denuncia a problemática histórica e conceitual da democracia representativa, deliberativa e normativa, bem como sua atual decadência. O anti-dualismo questiona também, de forma mais radical, a separação e primazia da teoria (do ser, do fundamento ou de sua ausência) sobre a prática, destinada, na modernidade, a uma função executiva e subordinada. Pelo contrário, a relação entre prática e teoria é inseparável e orientada pelo momento prático, pois é na imanência da prática concreta-material que a regra emerge.

Com ênfases evidentemente diferentes, todas essas ontologias sustentam a materialidade e a concretude do pensamento (ou da inteligência), radicalmente imanente ao existente e ao seu movimento. Vale mencionar, aliás, que o processo de dissolução do dualismo transcendentalista (e da síntese dialética) já tinha antecedentes — não isentos de oscilações — em Marx (se libertado da ortodoxia marxista), no anti-dualismo nietzschiano e, com um sinal invertido em direção ao determinismo, no difundido naturalismo positivista sociobiológico, que já no final do século XIX começava a se tornar o horizonte ontológico dominante.

A posição anti-dualista gera, por si só, efeitos políticos significativos: nega, de fato, a transcendência do sujeito político (Estado, soberania, Um/Tudo...), pivô da linguagem política e jurídica. No entanto, ao negá-lo, cria o problema de pensar, organizar e produzir a agência política, a organização do múltiplo, a responsabilidade das decisões. Os teóricos pós-fundacionais respondem precisamente a essa problemática (dos anos 1980 até o final do século), tentando revitalizar o sujeito indispensável para a política, mas de forma enfraquecida, prática e funcional, levando, posteriormente, ao novo institucionalismo.

2. Contracanto de uma ontologia paradoxal: negativa para dar espaço à política

A assunção da ausência ou inatingibilidade do ser também é ontológica: o que chamamos de ontologia negativa.[6] O pensamento político pós-fundacional se move nesse terreno escorregadio: moderno, mas constantemente em declínio. Por um lado, compartilha com o atual pós-68 e neoliberal o reconhecimento de uma pluralidade irreconciliável de diferenças; por

[6] Sobre a recondução da ontologia negativa à teologia política moderna, R. Esposito, *Pensiero istituente. Tre paradigmi di ontologia politica*, in *Crisi dell'immanenza. Potere conflitto istituzione, Almanacco di Filosofia e politica, vol.1* (2019) pp.23-40

outro, reafirma, alinhado com a grande Crise do século XX, aquele 'não obstante tudo' (também absolutamente moderno) que constrói sobre o negativo. É necessário, de fato, um sujeito político unitário que, não obstante tudo, dê forma, visibilidade e ação ao caos social, ainda que seja apenas para orientá-lo em direção a uma emancipação das diferenças, pois estas, deixadas por si mesmas, estão sujeitas ao controle e à captura.

A persistência do traço do século XX é evidente: o desafio moderno que enfrenta a crise da verdade transcendente, apoiando-se em si mesmo, em sua própria potência humana e vontade construtiva e política, para dar forma à anarquia.[7] Revitalizar o sujeito significa abrir-se à transcendência, ou melhor, à quase-transcendência (como afirmam Laclau, Butler e Žižek), cientes de sua absoluta contingência e artificialidade: tão artificial a ponto de correr o risco do niilismo, da deriva retórica, tropológica, mas também o único caminho que não esconde nem trai as diferenças ontológicas concretas, que são estrategicamente mediadas, mas não sublimadas nem sintetizadas em uma 'essência' comum.[8]

Um sujeito operacional, fruto de um posicionamento estratégico e consciente dentro de um campo de batalha, não tem nada de objetivo: constitui-se através da articulação hegemônica. Graças a essa articulação, completamente política e artificial, está estruturalmente exposto à mudança democrática. Como se vê, o objetivo é revitalizar a democracia no sentido tradicional/moderno da representação política do povo como unidade. Mas — porque essa unidade popular não tem fundamento ontológico, étnico, nacional ou identitário — a representação unitária será contingente, estratégica e revisível: garantia, precisamente, de democraticidade. A contingência da ação política é reivindicada em oposição à imanência ontológica e tecnocrática neoliberal e ao determinismo 'especialista' do biopolítico naturalista,

---

[7] C. Schmitt, *Der Begriff des Politischen*, Duncker & Humblot, Berlin1932; v. la ripresa del pensiero schmittiano in Ch. Mouffe, *On the Political*, Routledge, London 2005.

[8] J. Butler, E. Laclau, S. Zizek, *Contingency, Hegemony, Universality*, Verso, London, New York, 2000, tr. it *Dialoghi sulla sinistra, Contingenza egemonia unniversalità*, introduzione di L. Bazzicalupo, Laterza Roma Bari 2010.

que tendem a se deslocar para a saturação das escolhas políticas: Não há alternativa.

A democracia radical de Mouffe e Laclau, em Hegemony and *Socialist Strategy* (1985), é "fundada" precisamente na ontologia da falta e da contingência; portanto, é sem fundamento.[9] Eu reforço: o moderno, desde suas origens, beira o abismo do Ser, atravessando-o com a decisão voluntarista soberana: *Auctoritas, non veritas, facit legem* — é a máxima hobbesiana da autonomia e autorreferencialidade do político. Nossa contemporaneidade deve explicitar e tornar paradoxalmente operativa e produtiva essa falta de verdade: que não deve ser escondida, mas sim valorizada. Ela garante uma política não essencialista e — ao contrário da identidade ontológica, que arrisca o recuo totalitário — estruturalmente democrática. O vazio ontológico atrai e ativa a construção, sem poder saturá-la em uma objetividade identitária.[10]

Por outro lado, um risco concreto de identitarismo persistente acompanha verdadeiramente a ontologia das diferenças singulares-plurais, que o individualismo neoliberal impulsiona em direção a formas apropriativas e excludentes de reivindicação do self, hierarquizantes e competitivas.[11] Contra essa deriva, a contingência e, apenas, a hegemonia da representação unitária são uma garantia.

O fundamento é evocado — conscientemente — como um tropo retórico que monta, em uma cadeia de equivalências, as diferenças: nada mais. No entanto, a desconfiança gerada por essas teorias é compreensível, devido ao seu fundo niilista, que pode levar à hegemonia de qualquer Nome (ou ideologia) que consiga agregar humores e ressentimentos em uma frente comum. Portanto, a acusação de populismo — ou seja, de construir, por meio da comunicação midiático-retórica, um povo

[9] E. Laclau, Ch. Mouffe, *Hegemony and socialist Strategy*, Verso, London New York, 1985 tr. it. *Egemonia e strategia socialista. Verso una politica democratica radicale*, Il melangolo, Genova, 2011

[10] E. Laclau, *Identità e egemonia: il ruolo dell'Universalitànella costituzione delle logiche politiche* in *Dialoghi sulla sinistra,* cit. p. 46-90

[11] G. Amendola, R. Pompili (a cura di) *La linea del genere. Politiche dell'identità e produzione di soggettività*, ombre corte, Verona 2018.

que, na verdade, não existe, que é inexistente — aponta para um fantasma evocado para fins práticos/políticos.[12]

Ainda podemos falar de ontologia? Sim, porque, por um lado, o povo, em sua não existência, manifesta inversamente a essência sempre plural, flutuante e intrinsecamente indecidível da coexistência de diferenças. E, por outro lado, o hiato ontológico é lido em termos de *antagonismo estrutural* do próprio ser.[13] O conflito de diferenças, para Žižek, é ontológico, ontologicamente incomponível; portanto, sua *reductio ad unum* só pode ser retórica e conflituosa. O próprio ser é político, o que, nessa perspectiva, significa antagonista e conflituoso.[14]

A proliferação de diferenças em conflito assume um estatuto ontológico e social. O sujeito político, por outro lado, não tem uma natureza ontológica, mas prática-funcional, ordenadora: é o efeito de um processo lógico-linguístico de representação, que reduz arbitrariamente a complexidade e a diferenciação ontológica. Portanto, ele é barrado, escavado pelo vazio da verdade e resulta de uma operação política e simbólica de relacionamento em equivalência. O sujeito político — a função lógica do Um — 'representa' o conjunto de diferenças irredutíveis entre si, não por seu conteúdo ontológico, mas por seu posicionamento.[15]

Precisamente porque falha ontologicamente, pode 'fundar' uma democracia (cuja especificidade é o trono vazio do poder)

---

[12] J.L. Villacanas, *Populismo*, prefazione L. Bazzicalupo, tr. it. Mimesis, Milano, 2018; I. Dominijanni, *Populismo post-edipico*, in M. Baldassari, S. Melegari, *Populismo e democrazia radicale* (a cura di), ombre corte, Verona 2012 p.156-174

[13] Ver, Ch. Mouffe, *Deliberative Democracy or Antagonist Pluralism?,* in "Social Research", vol.66, 3 *Prospects for Democracy*, 1999, pp. 745-758.

[14] S. Zizek, *Lotta di classe o postmodernismo? Sì, grazie!*, in *Dialoghi sulla sinistra*, cit., 136, specie.p.111; Zizek Sublinha drasticamente que o corte do antagonismo não é superestrutural, mas é o próprio Real do antagonismo social, *Beyond the discurse analysis*, in Laclau, *Emancipation(s)*, Verso, London p. 249

[15] Sono qui applicate la linguistica di Saussure e la costruzione del soggetto di Lacan: E. Laclau, *Il ruolo dell'universale nella costruzione delle logiche politiche*, ivi, p 46-90: "O que torna frutífero e possível um intercâmbio entre a teoria de Lacan e a abordagem hegemônica da política é que, em ambos os casos, todo tipo de mobilidade, de deslocamento trópico, é organizado em torno de uma falta originária que, por um lado, impõe uma tarefa adicional a todo o processo de representação – não representar apenas um determinado conteúdo ôntico, mas também o próprio princípio da representabilidade – e, por outro, sendo essa dupla tarefa destinada ao fracasso, abre caminho para uma série de substituições indefinidas", p. 73.

que preserve a pluralidade estrutural-ontológica das diferenças.[16] Representar a representabilidade é a função ordenadora que não se esgota em nenhuma ordem ontológica concreta particular que a encarne.

Reconhecer o caráter tropical e artificial da construção política quebra o efeito normativo das ontologias 'positivas', que determinam a dependência da suposta objetividade do fundamento. Caminhamos, portanto, em direção a um processo prático, concreto, material — pós-fundacional — no qual as diferenças se contaminam e lutam dentro da articulação hegemônica.

Um certo grau de positividade material-ontológica manifesta-se mais no espaço que, nessas teorias, é reconhecido às emoções, ao partidarismo, ao antagonismo concreto e a cada densidade biofísica, o que, mais uma vez, abre caminho para o uso comunicativo-populista dessas teorias.

Uma última observação: as teorias da ontologia negativa claramente operam separando o político e sua constituição (e esta é a verdadeira questão política!) do plano ôntico das políticas enquanto práticas de governo (*services des biens*, administração). Essa separação remete à diferença ontológica heideggeriana e, como veremos, é completamente suplantada pela ontologia afirmativa.

3. A imanência ao ser vivo entre ontologia anárquica e ontobiologia

A imanência é a chave do horizonte ontológico que chamamos de afirmativo: imanência significa que, dentro da experiência e da prática, emergem os conceitos para pensá-las, alterá-las ou geri-las. A abordagem imanentista — paradoxalmente definida como metodológica, uma vez que o modus/odos já pertence ao ser e à prática — quebra o dualismo transcendental e normativo. *Ser* e *dever-ser* coincidem, aquém da própria mediação dialética. Dado que o *ser* é devir e vida, as formas sociopolíticas institucionalizadas

[16] C. Lefort, *L'invention democratique*, Fayard, Paris 1981; Id. *Permanence du théologico-politique?*, in Id., *Essais sur le politique XIX-XX siècles*, Seuil Paris 1986, pp 275-330.

não passam de traições ao movimento vital. A expressão política real da natureza viva só pode ser os 'movimentos' e/ou práticas horizontais, espontâneas, sociais, sempre novas, que, de baixo para cima, sem assumir formas codificadas ou atualizando-as continuamente, destituem e instituem formas de vida. Estas, por sua vez, não serão senão regularidades imanentes à própria vida e autorregulações que o ser vivo produz.[17]

A expressividade, a pontualidade, a disseminação heterogênea — mas também a adaptação ou ajuste próprio das espécies vivas, a curvatura interna à vida em interação com os estímulos ambientais e sua autorregulação criativa — caracterizam uma ontologia que renova o naturalismo spinoziano, focado na negação de toda transcendência normativa que decorre da lógica da representação e do julgamento, pois trai, captura e homologa, com 'força de lei' o pluralismo e o diferencialismo do ser...

A pressão desse imaginário ontológico — tão libertário e anárquico quanto, como veremos, exposto ao naturalismo biologista e ao seu uso biopolítico[18] — teve um impacto social e político forte nos anos setenta e, com alguns recuos cruciais do governo, na revolução neoliberal dos anos oitenta. Sob ataque, os horizontes universalistas do direito e da política cederam em nome da autonomia e da expressividade das diferenças e experiências. O pluralismo, a horizontalidade reticular e rizomática, a desestabilização de baixo para cima, a urgência difusa de diferenciação, que reivindica a singularidade biofísica, provocam uma completa inversão da perspectiva igualitária e formal moderna. Como já foi dito muitas vezes, a rede (figura-chave de uma ontologia globalizada) substitui a pirâmide. Torna-se urgente mergulhar na densidade material-corporal das experiências, o único espaço onde as

[17] L. Bazzicalupo, *Attualita' politica di Deleuze*, in: "Etica & Politica / Ethics & Politics (2016) XVIII/3", Trieste, EUT Edizioni Università di Trieste, 2016, pp. 143-162.

[18] Pense no Projeto Genoma, sustentado por enormes financiamentos e proteções políticas, com o objetivo de mapear o genoma, baseado na suposição – posteriormente desmentida – de que a cada gene corresponderia uma expressão determinada: F.Crick., *Central dogma of molecular Biology*, in "Nature", 227, 1970 pp 561-563; J.Monod, 1970, *Le hazard et la nécéssité, essai sur la philosophie naturelle de la biologie moderne*, Editions du Seuil, Paris, Expõe uma visão mecanicista, atribuindo ao DNA o papel de 'invariante fundamental' e de programa determinístico das vidas.

diferenças não são sublimadas nem sacrificadas, mas, pelo contrário, expressam sua produtividade intrínseca[19] — produtividade que é poder: biopolítica afirmativa.

Nesse período, explodem as reivindicações das diferenças sexuais, raciais e existenciais 'imprevistas' explodem contra os mecanismos sacrificiais da representação, do trabalho assalariado e heterônomo, da delegação sindical e do domínio patriarcal. Essas diferenças manifestam seu próprio manifestar-se e emergir, sem se ordenarem conceitualmente, precisamente para não caírem na lógica sacrificial.

Do ponto de vista socioeconômico, a desregulação e privatização, o trabalho autônomo, a competitividade e a inovação afirmam-se a partir da disponibilidade direta de cada indivíduo sobre seu próprio capital humano inventivo e imaterial. É a grande virada do capitalismo imaterial, cognitivo, relacional, dos serviços, quando a produtividade social impõe a gestão do próprio tempo, da própria capacidade de socialização e de criação de redes relacionais. Essa capacidade, que devolve a cada singularidade o domínio autônomo dos meios de produção — ou seja, o poder de produzir 'diretamente' o novo, sem se tornar mercadoria-trabalho e sem valor salarial — parece se harmonizar com essa enorme mudança na forma de produção capitalista, confirmando, ao mesmo tempo, a centralidade do marxiano *general intellect*.[20]

A plenitude neospinoziana do ser, dita "do mesmo modo para todas as diferenças e apenas das diferenças",[21] cheia de potência produtiva, configura-se como a ontologia adequada à produtividade acefálica, impessoal e difusa do *cérebro social*, que não tem nomes nem domínios[22] — embora o produto dessa eferves-

---

[19] M. P. Bernardini, O. Giolo, *Teorie critiche del diritto*, Pacini, Pisa 2017 specie L. Re, *Femminismi e diritto: un rapporto controverso*, pp.179-198

[20] Agora é um clássico L. Boltanski, E. Chiapello, *Le nouvel esprit du capitalisme*, Gallimard, Paris 2011, tr. it. Mimesis, Milano 2014; cfr. L. Bazzicalupo 2020 *Biookonomische Governamentalitaet and neue Formen (politischer?) Subjektivierung*, in (Hg. S. Borvitz) *Prekares Leben*, Transcript Verlag Bielefeld

[21] M. Foucault, *Theatrum philosoficum*, , introduzione a G. Deleuze, *Difference et repetition*, cit, p XV

[22] K.Marx, *Frammento sulle macchine*, in *Quaderni rossi* n. 4 (1964) pag. 289-300, (tradução. Renato Solmi).

cência criativa seja rapidamente canalizado e validado pelo filtro do mercado.

Ativa-se a instância antiformalista de Marx por uma 'verdadeira democracia', mas rejeita-se a redução das diferenças à sobredeterminação economicista. Multiplicam-se, de fato, os processos de subjetivação que giram em torno das diferenças existenciais e biofísicas; experimentam-se formas revolucionárias, porém instáveis, de democracia direta, assembleias e ensaios de autogestão: eventos performativos, mais do que um paradigma possível. Destituir o disciplinamento das subjetivações e permitir que o fluxo desejante percorra de modo impessoal todo o ser pode ser uma revolução palingenética, uma nova forma de vida. Mas pode também — como ocorreu — enfraquecer as defesas sociais, isolar atomisticamente os indivíduos e desencadear uma competição desenfreada entre sujeitos que passam a ser vistos como autorreferenciais e egoístas, responsáveis de forma autista por si mesmos, incluídos na grande instituição horizontal, 'espontânea' e acefálica que é o mercado, aberta, sim, mas seletiva, conforme a hierarquia valorativa imposta, sem soberania ou responsabilidade aparente, pela lei da concorrência.

Enquanto a produtividade social se intensifica, o capital realiza o seu trabalho, não tanto organizando, como no fordismo, a produção, mas valorizando, a jusante da efervescência social, no mercado e por meio de suas avaliações seletivas, o produto gerado de forma anárquica e espontânea — porém intrinsecamente frágil, volátil e exposto à captura.

Na visão anárquica da ontologia neospinoziana, enxertada na biopotência produtiva do ser vivo, essa governamentalidade deveria, otimisticamente, esvaziar-se internamente, de 'dentro'. A política não tem nada de específico e autônomo, pois coincide com os poderes singulares, impessoais e coletivos: toda a produção é social e compartilhada nas redes de influência mútua e nos gradientes de poder.[23] O *ser* é deixado à sua plenitude

[23] S. Chignola, *Da Dentro. Biopolitica, bioeconomia, Italian Theory*, derive/approdi, Roma 2017; già M. Foucault *Microfisica del potere*, Einaudi, Torino 1977 Desloca radicalmente os termos e os lugares da teoria política clássica no entrelaçamento de poderes parciais, subjetivos e sociais, econômicos, que estão nas mãos não

generativa, espontânea e anárquica: uma redundância que rejeita a abordagem dominante da modernidade, na qual a política é o governo da falta, da dívida ou da desordem a ser preenchida. O acesso ao ser em devir não passa pelo simbólico, mas pela *aisthesis*, na imanência da vida, em seus gradientes de intensidade e potência vital, que deveriam orientar o fluxo energético impessoal dos desejos em direção à produtividade comum e à criatividade social.

No entanto, essa visão interior destaca um nó politicamente relevante e problemático: a elusão do conflito, que parecia ser a alma da política.[24] Não há contraposição antagonista, pois isso recairia na rede dialética e seria absorvido na síntese — como ocorreu nas revoluções. Busca-se um '*altrimenti*' em vez de um 'contra', instiga-se a imaginação política: as relações sociais passam a ser mais de conjunção/disjunção e êxodo do que de confronto, configurando uma coexistência 'estética', numa hibridação e contaminação incessantes, que eludem o conflito em favor de um deslocamento constante e interno, sempre em direção a percursos alternativos. Uma anarquia que não derruba o Estado (o trono vazio do poder), mas o esvazia, o contorna, operando ativamente (eventualmente) em novas formas institucionais espontâneas, de baixo para cima.

O neo-operaísmo de Negri, que contamina o spinozismo deleuziano com Marx e Foucault, assume decisivamente essa carga produtiva incessante do coletivo social, anti-individualista e impessoal, como um êxodo não dialético da apropriação e valorização violenta da exploração e do comando capitalista.[25]

Enfatiza vigorosamente — em plena consonância com o sentimento generalizado hostil à delegação e à gestão heterônoma — a primazia da subjetividade autônoma "operária" (ou seja, produtiva), além das teorias do valor e da ótica salarial. Se é verdade

apenas de quem governa, mas (de forma assimétrica) de qualquer um que seja governado.

[24] E. Laclau, *L'immanenza può spiegare le lotte sociali?* in *Crisi dell'immanenza*, cit., pp. 269-284

[25] M. Hardt, A. Negri, *Kairos della moltitudine*, in Idd.,., *Comune. Oltre il privato e il pubblico*, Rizzoli, Milano 2010, pp. 170-174; S. Chignola, S. Mezzadra, *Fuori della pura politica. Laboratori globali della soggettività*, in "Filosofia politica", XXVI, 1, 2012.

que o capitalismo imaterial e cognitivo pretende valorizar a vida inteira, a criatividade e a relacionalidade do trabalhador social, o trabalho vivo (não abstrato e não mercantilizado, portanto, o não-trabalho dionisíaco) desestrutura radicalmente o aparato de captura e abre oportunidades para a libertação da produtividade social operária.[26] A horizontalidade não organizada das multidões se apresenta como a expressão direta e não mediada de uma democracia radical.[27]

Na assimilação e distorção que a revolução neoliberal opera sobre a imersão libertária e anárquica da atualidade social — que, como mencionado, encontra suas condições materiais na virada pós-fordista do capitalismo, cognitivo e imaterial — o poder tradicional se dissolve na rede de governança, tecida por uma miríade de centros de poder concorrenciais, que, em nível individualista, atribuem a cada sujeito, isoladamente, a responsabilidade por sua própria empresarialidade. De maneira semelhante à ontologia libertária, a política coincide com o social, mas este, por sua vez, coincide com o mercado e se dissolve no individualismo competitivo e apetitivo, regulado por normas presumidamente naturais e imanentes de valorização/avaliação, seletivas e hierarquizantes.[28]

Não é por acaso que a versão ordoliberal e neoliberal da ontologia afirmativa se une estreitamente ao fundamento ontológico biologicista e neo-darwiniano. Estamos, de fato, diante do clássico circuito da biopolítica: as técnicas de governo e o funcionamento político decorrem da premissa ontológica e, vice-versa, escolhas econômicas e políticas de governo evocam horizontes ontológicos e naturalistas que as legitimam e as retiram da contenda política.

Para compreender a interdependência e ambiguidade dos quadros ontológicos, é necessário mencionar o naturalismo biológico, entendido como imanência — ontológica e positiva-factual

---

[26] M. Hardt A. Negri, *Il lavoro di Dioniso*, Manifestolibri, Roma 1994

[27] M. Hardt, A. Negri, *Moltitudine. Guerra e democrazia nel nuovo ordine imperiale,* Rizzoli, Milano

[28] L. Bazzicalupo, *Governamentalità: una ri-definizione operativa della razionalità politica* in "Parole Chiave" 56, 2016 pp 85 — 98.

— do humano aos processos vitais e biológicos. Processos que se presumem autorregulados, cuja normalidade normativa e imanente pode ser cientificamente conhecida, seguida e ativamente reforçada. Essa ontologia naturalista, que coincide com a biologização integral do humano, sem resíduos — afirmada não apenas pelo darwinismo e pela sociobiologia clássica, mas reiterada de forma sofisticada pela genética (desde o mapeamento do genoma até os projetos sobre inteligência cognitiva e comportamental) — não se propõe explicitamente a 'fazer' política, mas, por assim dizer, a contorna totalmente, derivando as decisões de seus modelos naturalistas, cientificamente credenciados. Esse é o suporte que a grande operação de captura neoliberal da impulsão libertária busca na outra face onto-biológica da ontologia afirmativa. Procura e encontra um naturalismo que reconhece, no ser vivo, regularidades, otimizabilidade e eficiência (chaves de sua produtividade espontânea ou governada) a serem utilizadas no governo dos homens.[29]

Resta apenas seguir *tecnicamente* suas tendências e princípios reguladores, fechando o espaço para o arbítrio confuso das escolhas puramente políticas.[30]

Na naturalização científica do humano, leis determinísticas foram enxertadas por muito tempo. Na verdade, como mencionado anteriormente, e como sempre na biopolítica, podemos inverter o discurso: o objetivo técnico da ciência moderna projeta sobre a ontologia naturalista o determinismo que é funcional às técnicas de governo da natureza e da vida.[31]

---

[29] E.O. Wilson, *Sociobiology. The new Synthesis*, Harward University Press, Cambridge Mass. 1975.

[30] G. Miglio sobre a "descoberta de regularidades físicas, químicas, biológicas, físico-psicológicas, que condicionam – ou melhor, originam – o sujeito humano": e contra a reducionista dependência da política da "filosofia (ou pior ainda, da metafísica)" contaminada por "valores e relações não naturais", convida a substituí-la pela "reducibilidade das ciências do homem à biologia, assim como esta se reduz à química, e a química à física", ou seja, pela "sociobiologia": *L'insegnamento delle scienze*, in Id. *Le regolarità della politica*, 2 voll., vol.1 Milano, Giuffrè, 1988 p.657

[31] Enunciado na clássica formulação mecanicista de Laplace ("devemos considerar o estado presente do Universo como o efeito de seu estado anterior e como a causa do que seguirá" *Essai philosophique sur les probabilités*, 1814), o determinismo domina a mentalidade científica, além das etapas canônicas de Herbart e Comte, do evolucionismo de Spencer até o racismo científico de Haeckel. A revolução

Além disso, a ciência tem sido, por muito tempo, a autoridade que guarda a chave da crença e do 'senso comum': assim, lentamente, mas inexoravelmente, a certeza e a objetividade científica transformam também o imaginário ontológico e antropológico do senso comum (por muito tempo dualista), dobrando-o em direção não apenas ao imanentismo, mas, especificamente, ao determinismo. Somos seres naturais, determinados naturalisticamente. Não há mais nada. Isso pode ser suficiente para nossa busca por um melhor bem-estar — o que uma humanidade 'positiva' deseja — pois a ciência compreende a natureza e a favorece e potencializa tecnologicamente, farmacologicamente.

Obviamente, houve e ainda existem resistências profundas de inteligências críticas filosóficas e, mas também científicas: desde o pensamento ontológico negativo (que, mesmo reconhecendo a imanência do humano ao ser, considera impossível acessá-lo), até o relançamento filosófico da ética que, do determinismo biológico é a primeira vítima.[32]

As tecnologias sociobiológicas, mesmo sem se declararem políticas, transferem diretamente a regulação objetiva natural (seleção natural, adaptação e competição entre espécies vivas e, hoje, determinismo genético, mapeamento dos mecanismos cognitivos e emocionais reduzidos às componentes físicas e elétricas) para o governo das relações sociais, psicológicas e econômicas.

A coincidência do "eu" com o corpo — a redução da consciência a um fenômeno químico previsível e manipulável — tornou-se senso comum.

Esse fato tem um peso político muito maior do que a revisão autocrítica apaixonada da própria ciência, que cada vez mais

---

genética do DNA prolongou essa tendência determinística, associada à previsibilidade e manipulabilidade biotecnológica. Cf. de forma crítica: N. Comfort, *The Science of Human Perfection: How Genes Became the Heart of American Medicine*, Yale University Press, New Haven, 2012.

[32] Cf. a crítica oportuna à biopolítica nazista de E. Levinas, *Alcune riflessioni sulla filosofia dell'hitlerismo*, (Esprit, 1934), Quodlibet, Macerata 1996, que sublinha na ontologia bio-determinista do "hitlerismo", o fim do conflito entre eu e mundo (não-eu), nó da compreensão do sujeito e de sua autonomia-liberdade: o limite (a lei) se torna imanente ao próprio ser humano, em uma presença e coincidência absolutas.

se volta para a complexidade, criatividade e indeterminação do vivo que, ao interagir com o ambiente externo, é imprevisível: um sistema que emerge da combinação de níveis inferiores sem ser deduzido deles.[33]

O reducionismo na ontologia da imanência completa do vivo à sua dotação genética é uma tentação muito forte: Não menos do que a tanatopolítica nazista, ele reafirma, mesmo que de forma otimista e aumentativa, a dobra biopolítica do governo moderno, cada vez mais despido de política, administrativo, técnico e otimizante.

Se a epistemologia mais recente reconhece a indeterminação, o pluriverso, a contingência e a emergência como dados ontológicos da própria vida, a interface política (mas seria melhor dizer governamental e sociobiológica) está pronta para adequar às regularidades emergentes, ferramentas de análise, modelos e técnicas de intervenção mais refinados, mais flexíveis: sempre geridos por especialistas e retirados das escolhas políticas.

A política cada vez mais coincide com a tecnocracia, legitimada pela ontologia científica.

Não se trata aqui de demonizar a técnica — que, como Canguilhem nos diz e a epigenética confirma, é natural e histórica ao mesmo tempo, imanente à abordagem dos organismos vivos (todos) com o ambiente e guarda sua capacidade de soluções originais e inovadoras[34] — mas é preciso ter em mente o peso político que qualquer discurso ontológico e naturalista tem em termos normativos... É necessário lembrar, com Foucault, como

[33] Impossível aqui dar conta do animado debate interno às ciências, do surgimento do indeterminismo físico (de Heisenberg a Prigogine) e, a partir dos anos 1980, das teorias sistêmicas e da complexidade (sobre as quais, aliás, se apoiam técnicas de governo cibernético em um quadro homeostático) até a epigenética, que hoje sublinha como decisiva para o organismo vivo (e os genes), a relacionalidade interdependente (e, como tal, imprevisível) com o ambiente. Remete-se a L. Bazzicalupo, *Natura e politica: governare l'indeterminato*, in "Filosofia politica", 3, 2023 di prossima pubblicazione.

[34] G. Canguilhem, *La connaissance de la vie*, Hachette, Paris (1951) tr. it, Il Mulino, Bologna 1976 pp. 82-83 ; Id., *La question de l'*écologie. *La technique ou la vie*, in «Dialogue», (1974), tr.it. O. Marzocca (a cura di) *Governare l'ambiente? La crisi ecologica tra poteri, saperi e conflitti*, Mimesis, Milano 2010, Id., *Activité technique et création* (1938), in *Ouvres complètes*, I, Vrin, Paris 2011,

Ser, Natureza ou Vida sempre foram o fulcro dos dispositivos de controle do vivente.[35]

A biopolítica é exatamente o governo do humano reduzido à sua naturalização, ao seu 'bios' governável — uma vez que se penetram seus segredos e a dinâmica de suas leis autorreguladoras naturais.

Além disso, Foucault também nos lembra que a natureza do poder é, historicamente e concretamente, ambivalente: ela produz formas de vida submetidas/orientadas — biopoder — e, apesar disso (ou precisamente por isso, uma vez que a submissão — que não é domínio — solicita e orienta a subjetivação), produz também poder resistente, capaz de escapar ou desviar, dobrar e inovar, de novo: o que o neo-operaísmo chama de biopotência. Estes dois estão em um circuito incessante, em uma luta que deve ser mantida e reivindicada (aqui como nos pós-fundacionais) como única forma de biopolítica social. A biopotência criativa do cérebro social coletivo, a multiplicidade de possíveis caminhos de subjetivação ativa, inéditos ou imprevistos, afirmam-se através de uma luta incessante contra as sujeições, interpelações, formas e organizações que, de qualquer maneira, se reapresentam. Mas essa tensão implica uma superação do imanentismo radical e uma recuperação, sob um novo sinal, do transcendente, ou seja, de alguma forma de dualismo.

4. Instituir formas de autogoverno dentro da ontologia social

Na esteira de uma biopolítica afirmativa irredutível à imanência total, o real ontológico dos poderes sociais é orgulhosamente afirmado, reconhecendo e valorizando, em vez da espontaneidade indeterminada das conjunções/disjunções, a capacidade de autogoverno e auto-organização. As nuances são diversas, mas comum é a oposição às teorias da ontologia negativa, acusadas de

[35] Chomsky N., Foucault M., *Della natura umana. Invariante biologico e potere politico*, Derive Approdi, Roma 2005.

ainda estarem condicionadas pela teologia política moderna, cujo resultado é, de fato, um relançamento do estado-centrismo, ou seja, da representação formal e histórica do que sempre foi a alienação sacrificial da produtividade social. O que caracteriza, de fato, as ontologias negativas é a reapresentação, apesar de tudo, do transcendente, sim, mas de forma voluntarista e, em última instância, niilista, que sobrepõe o nível do político à diferenciação social, considerada em si mesma incapaz de 'forma' e organização. Aqui, transcender a imanência significa desenvolver a potencialidade histórica e existencial das agregações de singularidades: elas produzirão, de modo endógeno e não alienado, a norma comum que as rege.

Se a própria ontologia social, com o suporte, talvez, do novo naturalismo indeterminista evolutivo-biológico e das teorias da complexidade, for pensada como uma realidade dinâmica em constante mutação e interação (também cooperativa e não apenas competitiva), e as singularidades que a habitam forem presumidas ter uma autonormatividade espontânea, então é possível imaginar a florescência de muitas e diferentes formas de instituições que não se sobrepõem, mas 'expressam' a própria potência social.

O contexto histórico da governamentalidade neoliberal e seu horizonte ideológico, que exalta a autonomia empresarial, certamente favorece. Portanto, se observarmos os efeitos concertados, encontramos uma riqueza inaudita de organizações, em um sentido amplo não-governamental, desde aquelas financeiras e econômicas até as convenções arbitrais relativas a possíveis conflitos, às formas espontâneas de organização de atividades do chamado terceiro setor, às associações que reivindicam subjetivações e direitos para grupos ou lobbies, multiplicando, além disso, as fontes do direito fora do monopólio estatal do jurídico.

Esse institucionalismo — diferente, no entanto, do tradicional ao qual se referia, por exemplo, um Hauriou ou um Santi Romano, conservador e tradicionalista, onde a instituição era uma forma de compensação da insuficiência e fraqueza ontológica — não esgota o sentido do novo relançamento, mesmo que, inevitavelmente, problematize seus resultados. Surge, de fato, uma ambivalência arriscada nesse percurso persuasivo que valoriza o momento afirmativo, produtivo, autonormativo da associação social. E é um desafio que mobiliza uma elaboração teórica à altura do impasse que o percurso que enfrentamos deixou: as ontologias radicalmente antidualistas — nas quais o ser é imediatamente autorregulado e produtivo de formas, sem resíduos e sem transcendências — têm resultados políticos diametralmente opostos. É necessário enfrentar a aporia do quadro ontológico, que foi dominante nas formas de democracia radical e antimediativa.[36]

O reconhecimento, dentro do pensamento ontológico imanentista, da necessidade de formas organizativas e, talvez, jurídicas em relação a uma governança neoliberal cada vez menos coesa e cada vez mais em crise impactou a busca por essa 'saída': recuperar, portanto, a tradição institucionalista, reinterpretando-a de maneira inovadora, canalizando a produtividade do social nas práticas neoinstitucionalistas e nas atuais experimentações de autogestão dos bens comuns ou *commons*.

As formas de política estritamente enraizadas na ontologia social — como é próprio da tradição institucionalista jurídica e sociológica —, mas renovadas, dinamizadas e retiradas da marca conservadora, poderiam representar uma saída realista da fragilidade à qual uma democracia não intermediada mostrou estar exposta. Sem ignorar os riscos de distorções e novas traições.

O problema é, de fato, real e concreto. Em uma administração sociobiológica das vidas, onde a biopolítica tecnocrática é o atual regime de governo raramente contestado — como evidenciado pela disseminação de testes de atitude, verificações de competitividade, inclusão seletiva e marginalizante de pessoas e práticas sociais, controles de segurança, projetos sempre validados por especialistas e cada vez menos controláveis pelos interessados

[36] O institucionalismo, em uma chave renovada e dinâmica, reúne referências humeanas pragmatistas e do próprio G. Deleuze, *Instincts et institutiones* (1955), tr. it Mimesis Milano 2014; in Italia, decisivo R. Esposito, *Pensiero istituente. Tre paradigmi di ontologia politica*, Einaudi, Torino 2020; sulla sua scia, M. Di Pierro, F. Marchesi, E. Zaru (a cura di)*Istituzione. Filosofia politica storia*, Almanacco di Filosofia e Politica 2, Quodlibet, Macerata, 2020.

—, o espaço para escolhas e decisões entre alternativas possíveis se estreita drasticamente. Que possibilidade resta para as práticas políticas do contrário, que gostariam de assumir a potência ontológica do social como afirmação direta, não delegável, antiestatista de sua capacidade de autogoverno? A labilidade dos movimentos e das lutas exige organização e, portanto, formas de reconhecimento, de duração, de agilidade concreta de mudança: em uma palavra (embora ambígua), instituição.

Na complexa cena dos poderes sociais, são numerosas, como já mencionado, as formas de autorregulação, tanto experimentais quanto bem testadas, mas em constante atualização.

Todas, em qualquer caso, respondem ao declínio da representatividade democrática, à unificação forçada no ente estatal (objetivo das teorias pós-fundacionais) e, portanto, desenvolvem uma referência estreita e específica ao território, às situações locais e às problemáticas da subjetividade não universalizáveis. A manutenção dessa dimensão plural e difusa, de fato, promete participação e autogestão direta, agregada em torno de um desafio local ou de um projeto específico. Essa é a atual florescência neoinstitucionalista: a produção social de baixo para cima de associações voluntárias, muitas vezes colaterais à governança neoliberal, por vezes alternativas a ela, mas, de qualquer forma, internas ao seu governo cada vez mais desgastado de coisas e pessoas. Radicalmente alternativas, no entanto, na intencionalidade de dar vida a formas de vida não previstas pelo código dos sujeitos políticos.

Falamos do institucionalismo neoliberal e interno à governança dominante, mas, mesmo que contraponhamos a ele as experimentações de contrapoder 'comum', ainda se trata de autogestões de natureza fortemente inclinada para o objetivo prático, pragmático, onde a organização se concentra mais no status (raramente contradiz o direito público, habitando mais nos seus interstícios, às vezes à margem da legalidade), no fim, no uso, em relação ao qual a organização é o meio.[37] É importante des-

[37] Já é vastíssima a literatura sobre os bens comuns, ou commons, a partir do H. M. Hardt, A. Negri *Comune. Oltre il privato e il pubblico* [2009], Rizzoli, Milano 2010,

tacar essa especificidade, pois retira essas instituições do risco da deriva identitária e excludente que as ameaça. O que estabiliza e regulamenta as condutas é, reitero, a orientação para a ação, em vez da qualificação de status ou identitária.

Falamos da elaboração teórica dessa miríade heterogênea de 'sujeitos': são emergentes ou insurgentes. Esses termos chamam a atenção para sua natureza ontológica, que reconhece a emergência não como exceção policial e derrogação das proteções legais, mas como um dado real da própria vida, imprevisibilidade e incerteza imanentes ao ser. Como o indeterminismo e a teoria da complexidade reconhecem, essas realidades são sistemas cujo nível organizacional é, sim, uma montagem de diferentes habilidades e conhecimentos, mas, ao agregar singularidades em torno de um propósito, de um projeto 'comum', produzem, como efeito ontológico, algo novo, um nível sistêmico, organizacional e institucional novo e superior, indedutível dos componentes individuais, caracterizado por uma cooperação produtiva inédita.

Desse novo institucionalismo, encontramos vestígios em Deleuze, Merleau-Ponty, no pragmatismo ou, na Itália, em Esposito, que pensam a instituição não em chave conservadora, organicista e comunitária (a partir da antropologia/ontologia pessimista e deficitária de um Plessner ou de um Gehlen, que veem na instituição uma compensação da falta), mas como afirmatividade ontológica: promoção de um a mais, de um excedente que vai além da soma das partes.

Para que esse pressuposto teórico se concretize, no entanto, uma instituição deve permanecer inconclusa, aberta, inovadora, instável. É o instituir em vez da instituição.[38]

---

e genealogia histórica in P. Dardot e Ch. Laval, *Del Comune o della Rivoluzione del XXI secolo*, Derive/approdi, Roma 2015, até estudos mais especificamente jurídicos, incluindo U. Mattei, *I beni comuni come istituzione giuridica*, in Id. e F. Capra (a cura di) *Ecologia del diritto. Scienza politica, beni comuni*, Aboca, San Sepolcro 2017, Que atesta a interessante virada da ontologia social e afirmativa em direção a formas e transcendências jurídicas. Cfr. S. Chignola (a cura di) *Il diritto del comune. Crisi della sovranità, proprietà e nuovi poteri costituenti*, ombre corte, Verona 2012.

[38] O assunto ontológico é forte: a norma imanente aos seres vivos é considerada "uma tendência natural" à transformação, plasticidade do vivo. A instituição é um artifício natural capaz de normatizar, sem pagar o preço pelo sujeito soberano. U. Fadini: *Deleuze positivo* introduzione a G. Deleuze, *Istinti e istituzioni* cit.

Em qualquer caso, esse neoinstitucionalismo dobra a ontologia afirmativa original do expressivismo intranscendível e anárquico em direção a formas de juridicidade imanente e relacional, horizontais e não verticais, autônomas e não alienadas: de baixo para cima (*bottom-up*).

O terreno é tão fascinante quanto fértil, mas também minado. Certamente, é um modus político-jurídico enxertado em uma ontologia social ativa e produtiva, que devolve ao ser humano vivo a capacidade autonormativa e reguladora que a construção abstrata estatal e moderna, hobbesiana e estatista, lhe havia tirado (e que a epistemologia biológica atual, em sua versão crítica, reconhece). Refuta a artificialidade e a sacrificialidade ocultas na autorrepresentação moderna do político como Estado e recupera experiências históricas concretas de autogoverno.

Mas é justamente um olhar realista sobre as formas concretas florescentes de organização e instituição de baixo para cima que nos leva à cautela. Como foi dito, é crucial insistir — e não é fácil — na impessoalidade e produtividade difusa das instituições do comum e na natureza não identitária, situada e local das experiências de autogestão às quais esse paradigma se refere. A pressão para incliná-las em direção ao individualismo, à competitividade e à aquisição é muito forte e é apoiada por uma ontologia difundida e não reflexiva, que banaliza e amplifica as pretensões científicas reducionistas e ontobiológicas, com seu caráter determinista: uma ontologia espelhada na relação social que o capitalismo promove.

Uso e *acesso*, em vez de propriedade e valor, poderiam, de fato, ser os pontos de um transcendimento da imanência que, no entanto, permanece ligado a ela, uma transcendência *endógena* das singularidades: a agregação das singularidades deveria, ou seja, organizar-se em torno de um 'funcionamento', como diz Deleuze, a uma *fonction opératoire*,[39] não à posse de uma 'coisa', de uma qualidade ou identidade.[40]

---

[39] G. Deleuze, *Le pli, Leibniz et le Baroque*, Minuit Paris 1988 p. 04.

[40] O objetivo prático governa a instituição, que "se apresenta como um sistema organizado de meios". P. Napoli, in A. Amendola P. Napoli, *French Theory e Italian*

Em relação à ontologia pós-fundacional, que, como vimos, guardou o transcendente em direção a um sujeito unitário que atuará como soberano, mesmo que provisório, é crucial enfatizar o caráter acéfalo da instituição, onde o transcendente não dá origem a um legislador ou a um soberano/sujeito, mesmo que estratégico.

Mas esse caráter acéfalo da instituição paradoxalmente lembra/reflete a instituição por excelência de hoje e da modernidade como um todo: o mercado, Grundnorm do mundo neoliberal, ao qual essas experimentações se opõem. E isso nos coloca em alerta.

Mesmo o mercado é um espaço acéfalo, onde as trajetórias das expectativas se cruzam na cegueira absoluta do todo, determinando o ponto de equilíbrio que servirá como norma para comportamentos e escolhas: uma norma autoproduzida e preterintencional. O mercado é (e isso é paradoxal) o sistema/ modelo de instituição 'horizontal' sem soberania nem responsabilidade, sem um transcendente que não seja o dos preços, ou seja, dos padrões que emergem na troca de comunicações entre convenientes/competidores: a responsabilidade é de ninguém e de todos os vetores de escolha e autogoverno, cegos em relação ao todo.[41]

Evidentemente, portanto, mesmo no caso do institucionalismo, a imanência, a horizontalidade e a falta de um decisório soberano não garantem a livre expressão dos agentes. O modelo de mercado agrega por meio da competição. As formas neoinstitucionalistas, os municípios autogestionados ou os bens comuns exigiriam, ao contrário, um excesso de solidariedade, de adesão ao projeto comum. E não sabemos o quão natural e espontâneo esse 'quase transcendente' cooperativo e solidário pode ser ou se deve ser voluntário e especificamente político.

Assim, voltamos à dicotomia entre ontologias da afirmatividade e da negação.

Theory: l'impatto della filosofia contemporanea sul diritto in Rivista critica del diritto privato, vol. IV, 2014, p 593.

[41] L. Bazzicalupo, *Politica. Dall'immanenza all'immanenza (e al suo incessante trascendimento)*, in "Shift", 1, 2018, pp. 17-30, specie p. 27 ss.

Com a ressalva de que, na afirmatividade das formas de institucionalismo, novas e antigas, infiltrou-se uma rachadura adequada na imediatez: um transcendimento endógeno. Nenhuma instituição deixa a multiplicidade pontual a si mesma, seja na competição, presumidamente 'natural', ou na solidariedade funcional. Todas precisam do 'simbólico': especialmente as experimentações dos comuns exigem o transcendimento ético no comum (mesmo que contingente e provisório).

O grupo disposto à solidariedade, que o mercado nega estruturalmente, vive o ser-em-comum, mesmo que precário e funcional a um projeto, como norma autoimposta, mediação em relação à pura imanência. E apenas a funcionalidade operativa distingue, então, esses transcendimentos 'simbólicos' em um projeto das sínteses objetivas e identitárias das instituições tradicionais.[42]

A política pode ser uma prática horizontal, acefálica e até preterintencional, contanto que se reconheça o movimento simbólico, quase transcendental, que organiza o sistema institucional e, de alguma forma, o representa, tornando-o reconhecível, sem pretender esgotar o sentido ontológico do ser. A ontologia deixa, na minha opinião, espaço para a contingência que surge nas relações horizontais e, portanto, para a política: uma promessa de indeterminação certamente ansiosa e portadora de exposições arriscadas ao governo da flexibilidade, mas uma promessa entregue à política.

A política, em conclusão, tem, sim, uma relação estreitíssima com a ontologia, mas não coincide com ela. Por mais que se refira sempre, mesmo implicitamente, ao ser como tal, se coincide totalmente com ele e está saturada por ele, perde a distância da

[42] Há um uso menor, situado do direito; práticas econômicas, funcionais e adaptativas, um direito "associazionista", formas de autogoverno democrático: autogestão de bens comuns, governo assemblear dos meios de subsistência, governo cooperativo de espaços de interesse compartilhado, orçamentos participativos municipais, plataformas organizativas regulamentadas por acordos horizontais, contratos, alianças pelos direitos. Cfr. S. Mezzadra, B. Neilson, *The Materiality of Communism: Politics Beyond Representation and the State*, in "South Atlantic Quarterly"113, n. 4, 2014, pp. 777—790; P. Napoli, "Indisponibilité, service public, usage. Trois concepts fondamentaux pour le 'commun' et les 'biens communs'", in *Tracés*, no. 27, 2014, pp.211-33.

crítica e da escolha, que é, então, o cerne do agir político. Embora a raiz afunde na imanência da vida, isso não significa que seja ela a ditar a norma: há, e sempre deve haver, espaço/tempo diante do vivente, espaço/tempo do projeto, da mudança almejada. E esse espaço implica um transcendimento — pelo menos mental — do ser como é ou como nos dizem que é. Contingência e indeterminação são o intervalo entre o ser e sua histórica e contingente definição.

Referências bibliográficas

AMENDOLA, G e POMPILI, R. *La linea del genere. Politiche dell'identità e produzione di soggettività*. Verona: Ombre Corte, 2018.

BADIOU, A. *Deleuze: La clameur de l'Etre*, Paris: Hachette, 1997.

BAZZICALUPO, L. "Governamentalità: una ri-definizione operativa della razionalità politica". In: *Parole Chiave*; 56, 2016.

________________. 2020 *Biookonomische Governamentalitaet and neue Formen (politischer?) Subjektivierung*. In: (Hg. S. Borvitz) Prekares Leben, Bielefeld: Transcript Verlag.

________________. *Attualita' politica di Deleuze*. In: "Etica & Politica / Ethics & Politics (2016) XVIII/3". Trieste: EUT Edizioni Università di Trieste, 2016.

________________. *Natura e politica: governare l'indeterminato*. In: "Filosofia politica", 3, 2023.

BERNARDINIO, M. P. e GIOLO, O. *Teorie critiche del diritto*, Pacini, Pisa 2017;

BUTLER, J, LACLAU, E, ZIZEK, S. *Contingency, Hegemony, Universality*, London-New York: Verso, 2000.

CANGUILHM, G. *La connaissance de la vie*. Paris: Hachette, 1951.

CHIAPELLO, E. *Le nouvel esprit du capitalisme*. Paris: Gallimard, 2011.

CHIGNOLA, S e MEZZADRA, S. "Fuori della pura politica. Laboratori globali della soggettività". In: *Filosofia politica*, XXVI, 1, 2012.

CHOMSKY, N. e FOUCAULT, M., *Della natura umana. Invariante biologico e potere politico*. Roma: Derive Approdi, 2005.

DELEUZE, G e GUATTARI, F, *Mille plateaux. Capitalisme et Schizophrenie 2*. Paris: Minuit, 1980.

______________. L'*Anti-OEdipe. Capitalisme et schizophrénie 1*. Paris: Minuit, 1980.

______________. *Le pli, Leibniz et le Baroque*. Paris: Minuit, 1988.

DELEUZE, G. *Différence et répétion*. Paris: Puf, 1968.

ESPOSITO, R. "Pensiero istituente. Tre paradigmi di ontologia politica". In: *Crisi dell'immanenza. Potere conflitto istituzione, Almanacco di Filosofia e politica*, vol.1 2019.

FOUCAULT, M. *Theatrum philosoficum*, introduzione a G. Deleuze, *Difference et repetition*. Paris: Puf, 1968.

HARDT, M e NEGRI, A. *Il lavoro di Dioniso*. Roma: Manifestolibri, 1994.

______________. *Kairos della moltitudine*. In: *Comune. Oltre il privato e il pubblico*, Milano: Rizzoli, 2010.

______________. *Moltitudine. Guerra e democrazia nel nuovo ordine imperiale*, Milano: Rizzoli, 2010.

LACLAU, E e MOUFFE, CH. *Hegemony and socialist Strategy*. London-New York: Verso, 1985.

LEFORT, C. *L'invention democratique*. Paris: Fayard, 1981.

LEVINAS, E. *Alcune riflessioni sulla filosofia dell'hitlerismo*, Esprit, 1934.

MARCHANT, O. *Post-foundational political thought. Political difference in Nancy, Lefort, Badiou and Laclau*. Edinburg: Edinburgh University Press, 2007.

MARKUS, G. *Il senso dell'esistenza. Per un nuovo realismo ontologico*. Roma: Carocci, 2012.

MARX, K. "Frammento sulle macchine". In: *Quaderni rossi* n. 4 (1964).

MEZZADRA, S e NEILSON, B. "The Materiality of Communism: Politics Beyond Representation and the State". In: *South Atlantic Quarterly*; 113, n. 4, 2014.

MOUFFE, CH. "Deliberative Democracy or Antagonist Pluralism?". In: *Social Research*, vol.66, 3 *Prospects for Democracy*, 1999.

______________. *On the Political*. London: Routledge, 2005.

NAPOLI, P. "Indisponibilité, service public, usage. Trois concepts fondamentaux pour le 'commun' et les 'biens communs'". In: *Tracés*, nº. 27, 2014.

SCHMITT, C. *Der Begriff des Politischen*. Berlin: Duncker & Humblot, 1932.

SELLARS, W. *Naturalismo e ontologia*. Milano: Mimesis, 2019.

WILSON, E. O. *Sociobiology. The new Synthesis*. Cambridge Mass.: Harward University Press,1975.

ZIZEK, S. "Lotta di classe o postmodernismo? Sì, grazie!", in *Dialoghi sulla sinistra*, cit., 136, specie.p.111.

Filosofia do Narcisismo II: *Katechon*

Rossano Pecoraro

In psicoanalisi questa Legge — la Legge della parola — viene precisata come la Legge simbolica della castrazione (...). La violenza, l'inganno, l'odio, il rifiuto, la caduta nell'insensatezza della vita, l'attaccamento narcisistico al proprio Io sono tutte tentazioni secondarie di quella tentazione primaria che è il desiderio di essere Dio.
Massimo Recalcati — "La legge della parola. Radici bibliche della psicoanalisi".

Nulla è più anarchico del potere. Il potere fa praticamente ciò che vuole. E ciò che il potere vuole è completamente arbitrario o dettato da una sua necessità di carattere economico, che sfugge alle logiche razionali.
Pier Paolo Pasolini — Entrevista de 1975 no set do filme "Salò o le 120 giornate di Sodoma".

1. Quem é Narciso?

Ama a si mesmo. É obcecado pela aparência do seu corpo. Detesta e manipula os outros. Sua mente é uma fábrica de opiniões validadas por um "Ego" que a psicanálise define como delirante e psicótico. No algures do mito, Narciso tenta abraçar e possuir a imagem de si mesmo refletida na fonte d'água que, obviamente, sempre lhe escapa. Perplexo e humilhado, incapaz de analisar o significado da (auto) "*red flag*", devastado por uma paixão que não consegue compreender nem dominar, o belíssimo filho da ninfa Liríope se deixa morrer. De um ponto de vista simbólico, o gesto extremo de Narciso representa uma decisão ética de grande valor, de fato ignorada pela extensa tradição filosófica e psicológico-psicanalítica ocidental. Não se está, é claro (mas, infelizmente, o tempo de agora exige que o óbvio seja dito e enfatizado), valorizando a morte ou o suicídio, mas tão somente destacando que o ato conclusivo do mito não é levado em consideração na análise do narcisismo. Com efeito, o Narciso da narração mítica não é o Narciso descrito pelas ciências psicológico-psicanalíticas contemporâneas. O Narciso do mito não é perverso nem tóxico. Ele cumpre seu destino (auto)cancelando-se, arrastando consigo todas as patologias que a tradição lhe atribuirá ao longo dos séculos.

Destino infame. Fruto de uma lúcida decisão divina e desventrado por um interdito, uma proibição, talvez uma maldição, que o adivinho Tirésias revela à belíssima mãe antes de dá-lo à luz: seu filho viverá por muito tempo somente "se não conhecer a si mesmo" (*si se non noverit*, nas palavras de Ovídio). Desejado por "muitos moços e muitas moças", Narciso jamais se deixa tocar. Soberbo, tomado por um "furor estranho"," é incapaz de refletir a paixão que desperta. Afoga-se. Dá-se a morte na água — ele que, de Cefiso, o deus dos rios que havia estuprado sua mãe, é filho. É essa sequência de fatos que constrói e alimenta até os dias atuais a imagem patológica de Narciso e o conceito de narcisismo, o qual tem como seu fundamento ontológico-clínico a paixão por si próprio e a incapacidade congênita de amar os outros (em todas as suas declinações: falta de empatia, sensação de grandiosidade/superioridade, desvalorização, manipulação etc.). Esse paralelismo entre Narciso e o narcisismo imposto pela tradição ocidental, todavia, é enganoso e violento. Entre o "herói" do mito e o transtorno/distúrbio da personalidade "descoberto" por Freud e cia., há um autêntico abismo — ético-moral, ontológico, social.

Narciso se mata, *decide* deixar-se ir. E o faz porque — outrora — havia desejado e amado. O outro de si não é ignorado, manipulado, usado. Não, Narciso apaixona-se pela ninfa Eco. Ama-a. Mas o destino lhe impedirá de abraçá-la e possuí-la: uma afronta fatal que o belíssimo herói não consegue, nem poderia, suportar.

A fim de compreender o sentido do nosso discurso, é preciso lembrar que um interdito, ou maldição, dos deuses devasta também a existência de Eco, condenada, "quando alguém diz algo", a repetir "apenas o final das frases".[43] É a sua voz que encanta Narciso e que o leva, de súbito, a *corresponder* ao desejo e ao amor da ninfa. O filósofo e psicólogo Gabriele Pulli revela com maestria essa face desconhecida e ignorada de Narciso ao comentar, no livro *L'enigma della simmetria*," os versos de Ovídio (*Metamorfoses*, 370-390).[44]

> Quando [Eco], então, viu Narciso errando pelos campos, / arde de amor por ele e a furto os passos segue-lhe; / e quanto mais o segue, mais a chama arde, / tal, quando se unta a extremidade de uma tocha, / o vivo enxofre inflama-se perto da chama. / Oh! Quantas vezes quis abordá-lo com brandas / preces e afagos. Sua natureza impede / que ela fale primeiro; mas a deixa apenas / acolher e ecoar as palavras que ouve. / Por acaso, o rapaz, desviado dos colegas, / gritou: "alguém me escuta?", "escuta!" rediz Eco. / Queda-se atônito, dirige o olhar a toda parte, / alça a voz e diz: "vem!"; ela chama quem chama. / Volve o olhar e não vendo ninguém diz: "Por que /

[43] Ovídio, *Metamofoses* (utilizamos a tradução de Raimundo Nonato Barbosa de Carvalho. Trabalho de conclusão de Pós-doutorado apresentado ao Programa de Pós-graduação em Letras Clássicas, do Departamento de Letras Clássicas e Vernáculas da Faculdade de Filosofia, Letras e Ciências Humanas da Universidade de São Paulo, 2010).

[44] Gabriele Pulli, *L'enigma della simmetria. Freud, Ovidio, Matte Blanco*. Milão: Franco Angeli Editore, 1999 (ver sobretudo a II parte "Note su Eco e Narciso, pp. 80-127).

> foges de mim" e ouve de volta a mesma frase. / Detém-se e, iludido por voz replicante, / fala: "aqui nos juntemos!", e Eco, com volúpia / nunca experimentada, devolveu: "juntemos![45]

O ser afetivo de Narciso oscila entre diversas esferas sensoriais. O som estimula a visão; a voz de Eco representa e desenha a imagem concreta do seu corpo na mente do amado. Narciso imagina as feições da ninfa; constrói uma "imagem invisível" a partir do som da sua voz. A atração é imediata e intensa: Narciso quer vê-la; "dirige o olhar por toda parte", chama-a, invoca-a... "Por que foges de mim?", reclama. Essa "correspondência amorosa" não durará por muito tempo. Narciso se decepciona com as feições de Eco e rejeita seu abraço. Fato que, como destaca Pulli, demonstra toda a força do interdito, ou maldição, que pesa sobre ele e que marca fatalmente os acontecimentos e o desfecho da história.

Fincadas essas ressalvas teóricas e na impossibilidade de delinear de maneira mais precisa o abismo ao qual acenamos no início deste ensaio, é possível dar continuidade à análise do "narcisismo" no interior do *clássico* horizonte delineado, desde o final do século XIX, pela cultura e pela ciência, que o julgam, a cada vez, uma perversão sexual, um tipo específico de fetichismo, uma patologia da libido, um estágio do desenvolvimento psicológico e sexual do homem, a doença-mãe do todo estar-com os outros etc. Nos anos vinte do século XXI, a ferida narcísica aprofunda-se, e fracassam (ou estão prestes a fracassar) as tentativas culturalmente corretas de matriz capitalístico-sanitária de distinguir entre um narcisismo bom (positivo) e um narcisismo negativo e patológico. O Eu narcisista se confunde com as massas estúpidas investigadas desde Le Bon e Freud e que hoje se chamam grupos ou bolhas "identitárias" ou "comunitárias". As fontes d'água do Narciso originário já secaram ou foram substituídas pelas telas de smartphones cada vez mais onipotentes e artificialmente inteligentes. O Eu narcisista é o inimigo que nos ouve e nos envenena quando nos prende nas teias de quaisquer estar-com (amoroso, afetivo, social, cultural).

[45] Idem.

O cenário do nosso tempo é esse.

"Quem" ou "o que" — então — teria o *poder* de frear o(a) Novo(a) Narciso(a)?

2. A ambiguidade do "Poder que freia" entre teologia e política

Mas, antes, o que sabemos sobre o poder? O que é aquilo a que chamamos Poder? É o *Kratos* grego? É o poder do homem sobre o homem? É o poder objetivo de fazer ou não fazer alguma coisa? É o poder imperial? É o poder da lei? É a redução do outro a uma mera coisa (*dominium*), o corpo do devedor insolvente que o direito romano autorizava a ser transformado em objeto pela declaração de *manus iniectio* do credor? É a ação de quem pode mais, de quem domina, de quem possui — como indica claramente a raiz indo-europeia "Pot"? É força constitutiva? Destrutiva? Instituinte? É aquilo que garante a segurança (*securitas*)? É a capacidade de fazer e ordenar o que se sabe? É a relação baseada no comando/obediência? É *potestas*? É *auctoritas*? É a força, a autoridade da impotência "ameríndia", dos "chefes sem poder (coercitivo)" que lideram as comunidades guaranis do centro-sul do Brasil? O fio cinza que, através de algumas das suas nuances, liga essas perguntas se constitui a partir de um quadro teórico que vai de La Boétie a Foucault, de Cacciari a Esposito, de Lefort a Clastres, de Canetti a Agamben e cuja vastidão revela que, do Poder, conhecemos as feições, mas não a sua "essência".

Isto posto, a pergunta fundamental que deve nos guiar é: uma vez que o narcisismo é a patologia do nosso tempo (que é um tempo diverso do tempo pré-Revolução tecnológica/digital, vale dizer, um tempo que não é uma época nem uma era, mas tão somente um punhado de anos moldados pelas modas filosóficas e culturais/acadêmicas "do momento"," que atravessam o pensamento e a ação cada vez mais reduzidos a práticas de *zapping* e de rolagem infinita de *feed*), isto é, *se* o narcisismo é o arquétipo psicológico-psicanalítico, ético-moral e sociopolítico do Mal contemporâneo, *então* qual é a força, o poder, que é, ou seria, capaz de contê-lo e freá-lo?

O *katechon* — o "poder que freia". Algo ou alguém que tem o poder de conter e deter o caos, a injustiça, o Mal. Um poder que freia, de dupla natureza, ora "positiva"," ora "negativa", que, da Bíblia e do pensamento dogmático da religião cristã, desliza para a teologia e para o pensamento jusfilosófico e político da Modernidade através de um percurso de transferência/enfraquecimento conceitual definido como "secularização". O *katechon*, noção bíblica que se transformou na categoria central da filosofia e da ciência política, do "Político" e das relações entre teologia e política, conduziu e condicionou, durante dois mil anos — de São Paulo à Patrística, do Estado moderno a Schmitt e Cacciari —, a reflexão política no Ocidente e se apresenta no tempo de agora, apesar de sua crise ou de seu enfraquecimento, como um elemento decisivo para compreender o *destino* do pensamento contemporâneo.

Na *II Epístola aos Tessalonicenses*, o termo é usado duas vezes e em dois sentidos diferentes. Paulo se dirige aos cristãos da rica e corrupta cidade de Tessalônica, exortando-os a não se deixarem perturbar nem assustar pelos rumores que anunciam, a fim de seduzir e enganar, a iminência do dia do Senhor (*parusia*). Os tessalonicenses são impacientes, irrequietos, ávidos de respostas e de glória. O caos já se manifesta. O "mistério da iniquidade" já opera. Todavia, é preciso aguardar, não se abandonar à desesperança e à idolatria, e perseverar na fé, na santidade e na caridade.

O esquema paulino — retomado e desenvolvido sem substanciais alterações pelo pensamento posterior — é o seguinte: o evento (a vinda do Senhor) não está próximo. Algo terá de acontecer. Primeiro (α), a ação do homem da anomia (*homo iniquitatis*), do filho da perdição, do derradeiro adversário, cuja obra, no entanto, já está em andamento, tem de ser intensificada; depois (β), o poder que, no tempo da espera, o freou e o reteve tem de ser eliminado; e, finalmente (γ), em virtude da aniquilação desse "poder que freia", o Senhor poderá finalmente manifestar-se para destruir, com o sopro de Sua boca, a iniquidade até então vitoriosa — que enganou o mundo, que foi idolatrada e elevada acima de todos os seres — e condenar todos aqueles que decidiram não aceitar a verdade.

Nos versículos 6 e 7 da passagem que estamos analisando, Paulo usa o termo *katechon* em duas declinações diferentes. Na primeira, a forma é "neutra" (*to katechon*): finalmente, os tessalonicenses conhecem aquilo que freia e retém a iniquidade e o caos. Na segunda, a forma é masculina (*ho katechon*): o mistério da iniquidade já opera e, para o advento, é necessário aguardar que aquele que o retém (o freia) seja destruído. Todos os grandes estudiosos que fizeram do *katechon* a categoria decisiva da teologia política dedicaram-se a esta diferença/ambiguidade traçada pelo Apóstolo. "Aquilo" que retém e freia o caos e a injustiça foi identificado nas estruturas político-governamentais históricas — desde o Império Romano até o Estado moderno — ao passo que "quem" freia, aquele que retém/contém (em virtude de um poder concreto e individual), foi deixado à margem da análise teórica, na medida em que foi "incorporado" pelo *imperium* (e, portanto, pela concepção do soberano que possui e exerce o poder governamental). A tradição teológico-religiosa medieval introduz nessas perspectivas figuras de rara intensidade, como a do anjo do império, isto é, o guardião divino dos valores e da civilização de que Roma é, ao mesmo tempo, fruto e administrador supremo, e que, na *Divina Comédia*, é o misterioso Messias Celeste, o anjo do limbo, "que foi posto pelo céu" e que, no Canto IX do Inferno, abre as portas da cidade de Dite a Dante e Virgílio.

Essa ambiguidade constitutiva do *katechon* não é meramente terminológica; ao contrário, como observa Massimo Cacciari no começo do livro *Il potere che frena* (2013), ela assume uma imensa importância histórica, política e teológica no interior do pensamento e da cultura ocidentais. O *katechon*: figura dramática que deve frear o avanço do caos, atravessada por tensões, terreno de desenvolvimento de algumas das principais categorias políticas ocidentais (Soberania, Império, Estado). É nessa perspectiva, pois, que deve ser lido o enigma do conceito paulino ao qual acenei anteriormente (função *positiva* e função *negativa* ao mesmo tempo), que, por um lado, não permite a vitória total da iniquidade e do caos, mas, por outro, também impede a nova *parusia* de Cristo, que deverá destruir o adversário (que, em seguida, será chamado de "Anticristo") quando ele se revelar. Paulo se refere a fontes alto-testamentárias que tendem a acentuar a face negativa do *katechon*, entendido como aquilo que está freando/retendo o advento do Messias. Nas interpretações sucessivas, o aspecto positivo do *katechon* — o poder que freia a Iniquidade, o Mal, a Injustiça ou, em termos mais contemporâneos e secularizados, o caos, a desordem, a ausência de lei, isto é, a *anomia* eterna inimiga do *nomos* — alcança uma centralidade talvez inesperada. É um quadro temporal extenso que, de acordo com a reconstrução de Federico Vercellone,[46] — começa com a Patrística (Jerônimo, Crisóstomo e Tertuliano), desenvolve-se com Constantino I e Eusébio de Cesareia, passa pela Reforma, com Lutero e Calvino, e depois cruza o pensamento russo, chegando ao seu ponto teórico mais elevado com a polêmica entre Carl Schmitt e Jacob Taubes (na qual paira a sombra de Walter Benjamin). O que está em jogo no curso de toda essa história milenar é a forma de legitimação do poder político, que parece ocultar o autêntico problema, vale dizer, o do poder ilegítimo, ideológico e opressor.

É notório que o *katechon*, ou melhor, o aspecto *positivo* e regulador do *katechon*, é central no pensamento de Carl Schmitt: o Estado e a Lei representam o poder que freia a barbárie e o caos. O Estado é o *katechon* da Modernidade. A posição schmittiana — controversa e, ao mesmo tempo, extremamente fecunda, já que estimulou as reformulações críticas de autores decisivos do pensamento filosófico e político dos séculos XX e XXI — não só Taubes e Benjamin, mas também Derrida, Cacciari, Esposito e Agamben — só pode ser compreendida no horizonte mais amplo da "teologia política". Todos os conceitos mais densos da doutrina moderna do Estado, escreveu Schmitt no ensaio de 1922 sobre a *Teologia política e a gênese do conceito de soberania*, "são conceitos teológicos secularizados", tanto no sentido do desenvolvimento histórico (a

[46] Federico Vercellone, "Notas sobre beleza e teologia política". In: *Entre estética e política* (Orgs: Rossano Pecoraro e Eladio Craia". NAU: Rio de Janeiro, 2021.

passagem da teologia para a doutrina do Estado) quanto no sentido estrutural e sistemático. Não é possível compreender a evolução das teorias e dos conceitos da política e da filosofia do Estado dos últimos dois séculos sem compreender o complexo processo de secularização de grande parte do aparato teórico da teologia, do qual, evidentemente, o conceito de *katechon* faz parte. A posição de Schmitt é exposta de maneira definitiva no livro Nomos da Terra (1950), que se articula no interior de um complexo esquema (ou "gramática jurídico-política") construído pelas relações entre terra e mar, entre espaços e fluxos. O *katechon* é uma forma de poder lógica e espacialmente determinada. O *katechon* é território e territorialidade, coincide com o Estado moderno, que exerce o único poder capaz de frear o que está fora dele, vale dizer, o caos, a barbárie, a anarquia. Esse é o modelo de Schmitt no qual, retomando aqui as palavras de Cacciari, o Estado moderno coincide com a "última forma de *katechon* de que a terra pode dispor".

Ora, o que acontece, pergunta-se Cacciari, quando o processo de dissolução das formas tradicionais do poder se intensifica? Quando a dicotomia clássica lei/caos, *nomos*/anomia, não consegue mais dar conta da questão da legitimidade do poder estatal? Quando a crise se instala e a experiência do "desenraizamento" (conceito que o filósofo italiano retoma de Simone Weil) se torna o dramático signo do nosso tempo?

3. A "apocalíptica aporia" do tempo de agora

A bússola de Cacciari[47] nos permite navegar nesse arquipélago de questões quando aponta para a "falha" da doutrina schmittiana do *katechon*. Falha que reside exatamente na ideia de que o poder é apenas o poder estatal. Em outras palavras, nós continuamos schmittianamente a pensar o poder político sob a forma do *katechon*. Ao mesmo tempo, continuamos a pensá-lo sob a forma do Estado ou de um de seus substitutos. Mas esse modelo, afirma Cacciari,

[47] Cf., dentre outros, *Il potere che frena*, Milão: Adelphi, 2013; *Metafisica concreta*, Milão: Adelphi, 2023; *Dell'inizio*, Milão: Adelphi, 1993.

não existe mais. Ele se dissolveu tragicamente no século XX, e o Ocidente entrou no novo milênio com os destroços da grande forma-Estado. Com efeito — e nesse ponto o filósofo italiano concorda com Schmitt —, o poder estatal deve frear, reter, travar. A política tem como função fundamental a de reduzir à unidade as forças conflitantes que operam no Estado. Ela deve frear e reter a vontade de potência de algumas dessas forças para fazer com que outras possam prevalecer. A política tem de orientar os diversos interesses em luta para um fim. Por isso, possui uma "dimensão escatológica" constitutiva e ineliminável. A catástrofe contemporânea — que sela o diagnóstico elaborado por Cacciari — é que a política já não sabe, ou já não consegue, indicar um fim. Ela, quando muito, administra o presente, na tentativa de regular e gerir o *status quo* dominante, totalmente rendida à potência da técnica e do capital financeiro, que outrora conseguira de alguma forma governar. É a imagem (recorrente) da "despolitização":" uma política (não só estatal, uma vez que a entrar em crise é o próprio sentido da ação política — na sociedade, nos sindicatos, nas representações estudantis, nas universidades...) incapaz de construir e propor um projeto que possa ir além das areias movediças do presente e dos interesses dos grupos que, a cada vez, lhe injetam as energias necessárias para (sobre)viver. A "redução da política à administração" é o "sintoma" fatal do processo de despolitização: a política que se despolitiza é uma política que simplesmente administra e gerencia. Mas a política raramente foi administração: o Estado moderno se idealiza e se constitui como um imenso aparato burocrático e técnico-jurídico porque vê nesse modelo organizacional a base de sua hegemonia política e cultural. Os Estados europeus visavam alcançar uma hegemonia total, global e planetária, fundando sua cobiça e ambição em ideias impregnadas de *elementos teológicos*. Não se queria criar, pura e simplesmente, um Estado, mas sim um Império — hegemônico, planetário, colonizador. De acordo com a perspectiva de Cacciari, pois, nunca existiu uma política que pudesse "prescindir de uma teologia política," e, quando a política destrói a teologia política, ela se despolitiza e se torna mera administração. A radicalidade de Cacciari em pensar o vínculo constitutivo entre teologia e política se revela quando compreendemos que não se trata, como acontecia em Schmitt, de reconhecer que os principais conceitos políticos (e jurídicos) têm uma origem teológica, nem de defender a ideia, como fazia o famoso egiptólogo e arqueólogo alemão Jan Assmann, de que as categorias teológicas contêm um "núcleo político original". O que Cacciari afirma é uma relação, uma tensão ineliminável entre religião e política: toda ação religiosa tem em si um impulso político, assim como o agir político sempre tem uma raiz espiritual/religiosa que nunca pode perder. É por isso que, uma vez destruído esse vínculo, o *katechon* implode, arrastando consigo a política (e o Político).

No tempo de agora, não é mais possível para a política reivindicar uma autoridade e um poder que não estejam a serviço do sistema técnico-financeiro. O *katechon* desmorona, a função de frear/conter em nome de um *nomos* e de um bem comum se dissolve, e tudo se reduz à gestão administrativa de "poderes sem lugar e lugares sem poder". A soberania, cada vez mais impessoal e fragmentada, é o trágico signo da "policefalia" do seu sistema de poder, no qual as diferentes funções e os diversos grupos que a habitam entram em conflito, alimentando uma luta fratricida para se afirmar como o autêntico intérprete e representante da lei e do poder imanentes ao próprio sistema. Vivemos, conclui Cacciari, numa era de insegurança e de crise permanente, marcada pelo choque entre esferas de poder e pelo recuo da soberania política do Estado, sobre a qual já não podemos projetar a imagem do *katechon* teológico-político: "para poder frear, o *katechon* pensava em uma *Sophia* capaz de representar um 'Bem comum', mas o comum nunca pode ser o resultado da soma dos interesses particulares".[48] O "poder que freia" se dissolve por causa de uma crise que se origina do seu próprio interior,

> começa com a crítica da ideia de Império, prossegue com aquela de todo 'Deus mortal', corrói, por fim, lógica e filosoficamente a *realidade* do Estado, des-substancializa-o,

[48] Massimo Cacciari, *Il potere che frena*, Op.cit., p.123.

> arranca-lhe toda *auctoritas*, denuncia a sua natureza de ficção ideológica, demonstrando, assim, a impossibilidade de superar o plano absolutamente horizontal da rede dos conflitos e dos interesses.[49]

Consiste nisso a "apocalíptica aporia"[50] que devasta o ventre do tempo de agora. Por um lado, não é mais possível nem pensável um "Bem comum", um "*nomos* do mundo" — entendendo por *nomos*, atente-se, aquilo que, na tradição teológico-política, "representava o Comum," que, enquanto tal, "não era de propriedade de ninguém". O *nomos* como ideal público, fincado no espaço e no tempo, isto é, o bem de uma "comunidade histórica e culturalmente determinada".[51]

Por outro lado, a *anomia* não é (mais) caos e anarquia, mas uma situação de *obediência* na qual, paradoxalmente, o indivíduo contemporâneo, que se revolta contra a política e não tolera mais ser representado por ela, aceita entregar o seu destino ao "impessoal" das normas que parecem estar na base do "funcionamento e do 'sucesso' daquelas potências", que ele reconhece como válidas e legítimas e diante das quais se curva de maneira voluntária, acrítica e sem nenhuma hesitação. São essas potências, em luta entre elas pelo controle (parcial) do sistema político (melhor, do que resta dele), que atropelam e destroem a forma do *katechon* e, junto com ela, o *nomos*, o Fim, o Bem comum. A forma catecóntica — representada por Prometeu — era a única que permitia "pre-ver" e "pro-jetar". Uma vez destruída, o que nos resta é a crise *permanente* de uma época que está sob o signo do seu estulto irmão, Epimeteu, "aquele que pensa [e vê] depois". Administrar a (in)segurança parece ser o único programa político do nosso tempo; dele não "surgirão novas potências catecónticas. Surgirão, talvez, 'grandes espaços' em competição, 'guiados' por elites que, mesmo em conflito entre as suas diversas potências, são todas caracterizadas pela intolerância absoluta contra qualquer potência que transcenda o seu próprio

[49] IDEM.
[50] IDEM., p. 124.
[51] IDEM.

movimento (...). Prometeu retirou-se — ou foi novamente crucificado na sua rocha. E Epimeteu corre solto pelo nosso globo, abrindo sempre novos vasos de Pandora."[52]

4. A obsessão fundacional do direito e da política

A reconstrução dos pontos centrais da história do *katechon* revelou a importância e a centralidade desse conceito nas construções teóricas jurídicas e políticas da tradição ocidental. Sem a força do *katechon*, o direito, o Estado e as práticas de governo perdem quase totalmente a sua identidade e o seu *telos*.

Mas o que é o *katechon*?

Parece paradoxal refazer a pergunta. Todavia, ela é necessária, sobretudo para lançar luz sobre os motivos que transformaram o termo usado por São Paulo (*aquilo* que tem o poder de frear e reter — *to katechon*) no grandioso fundamento da teologia, do Império, do direito, do Estado e da política ocidentais. Está em jogo a revelação do recalque (*del rimosso*) da teologia política e do pensamento secular, vale dizer, a apropriação fundacional do *to katechon* através da (super)valorização do aspecto governamental e político em detrimento do autêntico significado — religioso/ escatológico e social — das palavras de São Paulo.

O primeiro ponto a ser destacado é que, ao falar do *katechon*, o Apóstolo não faz outra coisa senão retomar um termo muito popular, que já circulava em ambientes veterotestamentários e gregos. (Dois exemplos: o Prólogo do *Prometeu Acorrentado*, de Ésquilo, quando Hefesto diz ao Poder e à Força que seguram o Titã: "As ordens de Júpiter já foram cumpridas para vós / e nada mais vos freia"; e a quarta parte da *República*, na qual Platão expõe a teoria da "tripartição da alma". Discutível do ponto de vista político — uma vez que a lógica da tripartição exige, como consequência férrea, a subdivisão da cidade-sociedade em classes (os sábios, que a governam; os guerreiros, que a defendem; os trabalhadores, que a sustentam economicamente), e onde não

[52] IDEM., p.131.

existem "elevadores sociais" —, a teoria exposta no diálogo (IV, 435b-440c) é, pelo contrário, decisiva do ponto de vista ético, antropológico e, diria mesmo, psicanalítico. Na cidade, encontramos as mesmas "atitudes" e "caracteres" que estão presentes em cada um de nós, e o fato de existirem impulsos antagônicos prova que a nossa "alma" (*psyché*) é um campo de batalha onde princípios opostos lutam para impor a sua vontade. Não existe uma essência ou uma unidade da alma. As nossas ações não são a consequência de uma "faculdade única" (ou princípio) e não são realizadas com a "concordância de toda a alma", mas sim o resultado da vitória de um determinado impulso. Em outras palavras, aquele que tem sede não deseja mais do que beber e, obviamente, é atraído por isso, e isso ele quer. Mas é igualmente óbvio e evidente que, às vezes, uma pessoa que tem sede decide não beber.

Isso mostra a existência não só de um conflito, mas também de uma força que detém essa pessoa sedenta por água: nela, portanto, há um princípio diferente daquele que "desperta a sua sede e a impele a beber como um animal". Este princípio, que se opõe e "freia" os desejos que nascem da cólera ou da paixão, vem da razão. E é a razão — que só pode controlar e dominar os "impulsos" e as "pulsões" humanas em virtude do reconhecimento de sua potência — que deve prevalecer para que triunfem a justiça, a virtude e a felicidade).

Como já disse, a tradição ignorou que, ao falar do *katechon*, São Paulo simplesmente utilizava — para fins pedagógicos/religiosos — um termo banal, conhecido e muito popular entre os tessalonicenses. O que acabo de destacar pode parecer herético e terrível, mas nada mais é do que uma simples constatação: os versículos em que o *katechon* aparece em 2,3-7 são — como se lê em uma inocente nota de rodapé da *Bíblia* — "obscuros para nós, porque se referem a um ensinamento oral que não chegou até nós, usam figuras e termos de tipo apocalíptico e, finalmente, porque são profecia". Mais clara ainda é a posição dos curadores da *Bíblia de Jerusalém* (na nova edição de 1984) que, ao comentarem o discurso de Paulo sobre a "demora da *parusia*", atribuída a algo ou alguém que freia e impede a manifestação do

Iníquo, escrevem: "a alusão [ao *katechon*] deve ter sido compreendida pelos destinatários da epístola, mas para nós permanece um enigma".

Em segundo lugar, é necessário lembrar que os ideais que ocupam a alma de São Paulo são morais e religiosos, e não políticos e jurídicos. Os cristãos de Tessalônica são exortados a louvar a Deus, a fazer o bem, a glorificar a palavra do Senhor, a suportar as tribulações e as perseguições, a perseverar na fé e na caridade, a trabalhar noite e dia, a entregar os seus corações ao amor de Deus e à paciência de Cristo, a confiar e esperar, a não se deixar assustar nem perturbar pelos falsos oráculos e profetas, a não cair nos enganos e nas mentiras de Satanás, a aceitar o amor da verdade e a se afastar de todo o mal. A escatologia cristã que Paulo defende e prega não deixa margem para interpretações. Só há uma verdade, o destino último da humanidade está selado: Cristo virá e fará justiça, recompensando os que decidiram crer nele e condenando os que decidiram não reconhecer Deus e não obedecer ao Evangelho, os quais "serão castigados com penas eternas, longe do rosto do Senhor e do esplendor do seu poder" (2 Ts 1,8-9).

É evidente que um esforço genealógico e conceitual se faz necessário para compreender a razão pela qual duas linhas escritas por um apologista de uma doutrina em ascensão, onde se faz referência a um termo *pop*, que é imediatamente descartado em nome da decisão sobre a verdade da *parusia*, foram transformadas no princípio supremo e na essência do Poder jurídico e político ocidental. Trata-se de investigar não só as exigências fundacionais da teologia política como também as *consequências* do processo de secularização na era digital. Um razoável ponto de partida poderia ser, apenas para dar um único exemplo, a reflexão do teólogo luterano alemão convertido ao catolicismo em 1930, Erik Peterson, e algumas releituras de Santo Agostinho — ou melhor, das ideias da primeira fase de seu pensamento. No livro *O Monoteísmo como Problema Político*, publicado em 1935 em aberta polêmica com Carl Schmitt, Peterson argumenta de maneira incisiva contra o conceito de "teologia política", que define como "politização da teologia" e das ideias religiosas. Como nota Massimo Borghesi,[53] "a teologia política é uma coisa diferente da teologia da política". Com efeito, na teologia da política, a relação entre teologia e política não é imediata e direta, uma vez que ela se dá, sempre, através da mediação da moral, do direito etc. Não existe identidade ou compromisso possível: a cidade de Deus não é a cidade dos homens. Na teologia política, ao contrário, a perspectiva teológico-religiosa opera através do político, e o político opera através do teológico-religioso, com o momento teológico-religioso "se tornando funcional aos poderes mundanos", que — através dele — conseguem finalmente se fundamentar e se legitimar.

5. Para uma Ética do katechon

O que fazer diante da crise, ou até mesmo da falência, do *katechon* — e, portanto, da política e do Estado?

Não se trata de uma pergunta meramente retórico-acadêmica, pois o que está em jogo é a própria existência da sociedade contemporânea e a força das lutas contra um sistema perverso, violento, excludente e, de fato, ingovernável.

Massimo Cacciari, a despeito do diagnóstico apocalíptico, parece indicar uma via de fuga ao apostar (porque disso se trata: uma aposta, um salto no abismo) na figura de Epimeteu, a *persona* do futuro da qual poderia surgir uma nova "sabedoria política". Roberto Esposito lê a crise do *katechon* como a crise dos dispositivos soberanos dos Estados que tentam governar "freando" as potências globais e os efeitos da globalização. O que ele propõe é uma nova perspectiva baseada nos conceitos de imunidade (*immunitas*) e de poder instituinte. Giorgio Agamben[54] alimenta a tensão constitutiva entre *katechon* e anomia e introduz, na interpretação do "poder que freia", um terceiro elemento, isto é, o da

[53] CF., *Critica della teologia politica — da Agostino a Peterson. La fine dell'era costantiniana.* Marietti: Bologna, 2019.

[54] Cf. dentre outros, *Il mistero del male*. Laterza: Roma-Bari, 2013; *Il regno e la gloria.* Bollati Boringhieri: Bologna, 2009. *O tempo que resta* (2000). Autêntica: Belo Horizonte, 2016;

"*oikonomia* [economia] trinitária", que se torna um "laboratório privilegiado" para analisar o funcionamento e a articulação da "máquina governamental" contemporânea. O *katechon*, pois, é

> a força [de] toda autoridade constituída que contrasta e esconde a *katárgesis*, o estado de anomia tendencial que caracteriza o messiânico e, nesse sentido, retarda o desvelamento do 'mistério da anomia'. O desvelamento desse mistério significa o vir à luz da inoperosidade da lei e da ilegitimidade substancial de todo poder no tempo messiânico.[55]

Ora, e se, através de uma manobra ousada, empurrássemos às margens da análise filosófica *aquilo* que freia e retém (*to katechon*) — isto é, o *katechon* teológico-político e a perspectiva milenar que nele se fundamenta — a fim de resgatar do esquecimento a força revolucionária de *quem* tem o poder de frear e reter (*ho katechon*)?

Quem pode frear Narciso? Quem pode frear a injustiça, o caos, as forças violentas e opressoras? A proposta do *katechon* como categoria ética, em perene tensão entre *ethos* e *moralis*, pretende indicar uma forma de luta contra as potências do tempo de agora.

Referências bibliográficas

AGAMBEN, G. *O mistério do mal*. São Paulo/Florianópolis: Boitempo/Editora da UFSC, 2016. (*Il mistero del male*. Roma-Bari: Laterza, 2013).

______________. *Il regno e la gloria*. Bologna: Bollati Boringhieri, 2009.

______________. *O tempo que resta* (2000). Belo Horizonte: Autêntica, 2016.

BORGHESI, M. *Critica della teologia politica - da Agostino a Peterson. La fine dell'era costantiniana*. Bologna: Marietti, 2019.

[55] Giorgio Agamben, *O mistério do mal*. Boitempo/Editora da UFSC: São Paulo/Florianópolis, 2016, p.128.

CACCIARI, M. *Il potere che frena*, Milão: Adelphi, 2013.
______________. *Metafisica concreta*, Milão: Adelphi, 2023.
______________. *Dell'inizio*, Milão: Adelphi, 1993.
OVÍDIO. *Metamofoses*. (Tradução de Raimundo Nonato Barbosa de Carvalho. Trabalho de conclusão de Pós-doutorado apresentado ao Programa de Pós-graduação em Letras Clássicas, do Departamento de Letras Clássicas e Vernáculas da Faculdade de Filosofia, Letras e Ciências Humanas da Universidade de São Paulo, 2010).
PULLI, G. *L'enigma della simmetria. Freud, Ovidio, Matte Blanco*. Milão: Franco Angeli Editore, 1999.
VERCELLONE, F. "Notas sobre beleza e teologia política". In: *Entre estética e política* (Orgs: Rossano Pecoraro e Eladio Craia). Rio de Janeiro: NAU, 2021.

Ontologia, política e linguagem em Spinoza

Diego Tatián

Um.

A uma extrema distância de toda *meontologia*, a ontologia de Spinoza sempre parte do que existe e nunca do que falta. O mesmo ocorre com a política e a antropologia. O reconhecimento da miséria que subjaz à vida humana, no entanto, não lhe confere positividade. Aquilo que a Ética chama de impotência não é nada em si mesmo, apenas limite e contradição e, até mesmo, uma manifestação do poder do ser, por meio do qual os seres humanos — e cada coisa — são definidos, embora em uma manifestação escassa e contraditória. Portanto, algo (por mais mínimo que seja), e não nada. Em contraste com uma tradição hegemônica que define os seres humanos por sua fraqueza — e pela morte, como seres para a morte —, Spinoza os compreende como uma manifestação natural de uma ontologia do poder constitutivo da imanência divina.[56]

A afirmação spinozista desse poder natural e político, com o qual os seres humanos são dotados para pensar e transformar

[56] Pierre-François Moreau, "Anthropologie de la faiblesse, anthropologie de la puissance", in María Luisa de la Cámara y Julián Carvajal (eds.), *Spinoza y la antropología en la modernidad*, Olms, Hildeshem-Zurich-New York, 2017, p. 131.

o mundo, não nega nem ignora a vulnerabilidade da existência, a precariedade do desejo, a servidão, a passividade, a tolice e a "imbecilidade" que afetam naturalmente a vida finita, sempre à mercê de uma exterioridade pela qual será sobrecarregada, apaixonada por tristezas e, em última análise, destruída.

Em uma de suas obras mais reconhecidas, Judith Butler desenvolve o tema da "vulnerabilidade", "precariedade" e "desapossamento" no cerne do desejo e da vida humana. Nesse programa, ela questiona a fecundidade do pensamento spinozista para uma ontologia que incorpora o desapossamento, a exposição ao mundo, a heteronomia e, no final — se nos é permitido invocar o termo de Balibar —, a transindividualidade que priva os sujeitos de autonomia: "Enquanto a maioria das posições derivadas das contas spinozistas da persistência corporal enfatiza o desejo produtivo do corpo", diz a filósofa americana, "[...] já encontramos uma explicação spinozista da vulnerabilidade corporal ou consideramos as suas implicações políticas?"[57]

O axioma da *Ética* IV pode ser considerado um manifesto conciso da impotência natural à qual os seres humanos estão destinados como efeito necessário da finitude.[58]

Spinoza chama de impotência não — não apenas — uma fraqueza imediata (pois a impotência pode ser manifestada por uma força), nem uma retração, nem uma impossibilidade de produzir modificações externas. A impotência não é impassibilidade; a passividade não é acinesia. No sentido spinozista, a impotência nunca é uma ação, mas sempre uma reação que não se explica

---

[57] Judith Butler, *Marcos de guerra*, Paidós, Buenos Aires, 2010, p. 53. Enquanto ontologia do vivente, a vulnerabilidade não é aqui, contudo, equivalente à passividade, mas o pressuposto da organização e da ação. [ver também "The desire to live. Spinoza's Ethics under pressure", en Victoria Khan y Daniela Coli (eds.), *Politics and the passions*, Princeton University Press, 2006, pp.111-130].

[58] "Na natureza das coisas, não é dada nenhuma coisa singular tal que não se dê outra mais potente e mais forte do que ela. Mas, dada uma coisa qualquer, é dada uma outra mais potente pela qual aquela pode ser destruída." (E, IV, ax.) [Para as citações da *Ética*, o autor utiliza a versão de Vidal Peña, (Editora Nacional, Madri, 1983), da qual em certas ocasiões, segundo sua própria indicação, se afasta a partir de algumas modificações, -como, por exemplo, optar por "mente" em lugar de "alma"]. Tradução do espanhol para o português dos organizadores. Como base, utiliza-se a tradução brasileira feita pelo Grupo de Estudos Spinozanos, sob coordenação de Marilena Chaui (Editora EdUSP, 2015).

pela natureza do corpo que a sofre, mas pelo poder de uma natureza externa que a supera em força e a arrasta contra sua vontade. Uma reação nunca é original, nem se explica pelo poder de quem a sofre; é sempre o efeito de uma ação externa, desconhecida como tal ou conhecida apenas por seu efeito. Uma reação, portanto, pode ser extremamente violenta, e seu poder de causar dano pode ser significativo. Há um poder na impotência — que, no entanto, não deixa de ser impotência.

Uma indicação lexical pode orientar a investigação sobre a impotência humana. Na "Definição VII" da *Ética I*, Spinoza estabelece uma distinção importante: "É dita livre," escreve ele,

> aquela coisa que existe a partir da só necessidade de sua natureza e determina-se por si só a agir. Porém, necessária, ou antes, coagida, aquela que é determinada por outro a existir e a operar de maneira certa e determinada. (*ea res libera dicitur quae ex sola suae naturae necessitate existit et a se sola ad agendum determinatur. Necessaria autem, vel potius coacta, quae ab alio determinatur ad existendum, et operandum certa, ac determinata ratione*).

Na "Carta LVIII a Schuller", quase exatamente a mesma definição é repetida:

> Chamo de coisa livre aquela que existe e age pela única necessidade de sua natureza; coagida, ao contrário, aquela que é determinada por outra a existir e operar de uma maneira certa e determinada." (*Ego eam rem liberam esse dico, quae ex sola suae naturae necessitate existit, & agit; Coäctam autem, quae ab alio determinatur, ad existendum, & operandum certa, ac determinata ratione*).[59]

A distinção entre agir (*agere*) e ser determinado a agir por uma coisa externa (*operari*) parece ser de fundamental importância aqui, pois designa duas determinações diferentes.[60]

[59] Spinoza, *Correspondencia*, versão de Atilano Domínguez, Alianza, Madri, 1988, p. 336.

[60] Vidal Peña (assim como Pedro Lomba) traduz *agire* como "*obrar, (operar)*" e *operari* como "operar", enquanto Atilano Domínguez e Mario Caimi traduzem ambos os verbos latinos como "obrar – (operar)". A antiga edição alemã de Jakob Stern os traduz como *Handeln* (*durch sich selbst zum Handeln bestimmt wird*) e wirken

Autodeterminação, no primeiro caso: de fato, o verbo indica algo que é a causa adequada de suas próprias ações — ou seja, refere-se a uma natureza singular, e seu poder é a causa dos efeitos que dela decorrem. No segundo caso, trata-se de heterodeterminação e refere-se a algo que é levado a agir coercitivamente, ou seja, a re-agir. A ação é sempre uma manifestação de uma autonomia relativa do poder, enquanto a "operação" é puramente reativa, um efeito de impotência diante do "poder comum da natureza" (ou seja, um efeito de disparidade entre a fraqueza de qualquer poder singular em relação à força de poderes externos, que a arrastam e a coagem a operar passivamente efeitos dos quais não é a causa — ou apenas uma causa parcial e transitória).

Ação ou reação; autodeterminação ou exodeterminação.

Spinoza mostra que a causa sempre é Deus: em um caso, considerado como determinação de uma potência singular para produzir efeitos; no outro, como o poder comum da natureza.[61]

Estritamente falando, nenhuma coisa se determina a si mesma. O que chamamos aqui de autodeterminação — a ação — é o poder de produzir efeitos da natureza divina considerada como essência ou potência específica de um modo singular. A impotência não é mais do que a diferença entre o poder de Deus fora de nós (o poder pelo qual Deus, considerado como o poder comum da natureza, nos determina a operar) e a potência de Deus em nós (o poder pelo qual Deus nos determina a agir).

O primeiro é infinitamente maior que o segundo.

Em qualquer caso, "o poder de todas as coisas naturais não é mais do que o mesmo poder de Deus", diz Spinoza no Tratado Teológico-Político, onde designa essa distinção com uma nomenclatura diferente: o poder de se conservar de toda

---

respectivamente; a versão francesa de Rolland Caillois para agir e *produir un effet*, enquanto na edição clássica de Giovani Gentile, Gaetano Durante usa *agire* para traduzir os dois verbos do original. Nem a tradução de A. Boyle na edição inglesa introduzida por George Santayana distingue entre ambos os verbos e os traduz como *determined in its actions*. A edição brasileira do *Grupo de Estudos Spinozanos* de São Paulo, mantém a distinção entre *agir* e *operar.*

61 "Uma coisa que é determinada a operar algo, assim como foi determinada necessariamente por Deus; e aquela que não é determinada por Deus não pode determinar-se a si própria a operar" (E, I, 26).

coisa se realiza tanto pela potência de sua própria natureza, a que Spinoza chama de "auxílio interno de Deus", quanto pelas coisas úteis para a conservação que vêm de elementos externos (o alimento, por exemplo), ao que Spinoza chama de "auxílio externo de Deus".[62]

Concebida como *conservatio Dei*, essa conservação é uma transformação ou uma substituição da ideia cartesiana de "criação contínua".

No entanto, o ser humano não é o centro da criação, mas uma precisa *pars naturae*, sem privilégio ontológico de qualquer espécie. Isso significa que, enquanto "externo", Deus nem sempre o "auxilia" ou conserva; também o enfraquece e, finalmente, o destrói. E isso — diz Spinoza no Tratado Político — não é estranho,

> dado que a natureza não está contida (*continetur*) nas leis da razão humana, que buscam apenas a verdadeira utilidade e a conservação dos homens, mas é regida por infinitas outras, que se orientam para a ordem externa de toda a natureza.[63]

A repetição da fórmula geral segundo a qual todas as coisas, enquanto partes da natureza, estão "determinadas a existir e operar de certo e determinado modo" (certo modo *determinantur ad existendum, et operandum*), ou seja, a insistência de que o poder de Deus não se rege pela utilidade humana, estabelece a origem da impotência, que é concebida como fenômeno natural, necessário e inerente à condição finita, subtraindo-a assim à retórica moralista que a abomina como se fosse um "vício":

> Atribuem a causa da impotência e da inconstância humanas não à potência comum da natureza, mas a não sei que vício da natureza humana, a qual, por isso, lamentam, ridicularizam, desprezam ou, o que no mais das vezes acontece,

[62] Spinoza, *Tratado teológico-político*, tradução de Atilano Domínguez, Alianza, Madri, 1986, cap. III, p. 118-119.

[63] Spinoza, *Tratado político*, tradução de Atilano Domínguez, Alianza, Madri, 1986, cap. II, § 8, p. 89.

> amaldiçoam; e aquele que sabe mais arguta ou eloquentemente recriminar a impotência da mente humana é tido como divino. (*Ética* III, Prefácio).

A imaginação da própria impotência é raiz de vários entristecimentos (como a humildade, a desesperança, a abjeção, a decepção ou o desânimo...)[64] que a estendem, a multiplicam e produzem uma "disposição" de impotência (uma predisposição a ela):

> o que quer que o homem imagine que não pode, ele necessariamente o imagina e, por esta imaginação, é disposto de tal maneira que efetivamente não pode fazer o que imagina que não pode. Com efeito, enquanto imagina que não pode isto ou aquilo, não é determinado a agir e, consequentemente, é-lhe impossível fazê-lo [agir] (*Ética* III, def. af. 28).

A imaginação — às vezes Spinoza usa a palavra "contemplação"[65] — da própria impotência ou fraqueza (*imbecillitas*) gera uma desconfiança de si mesmo que bloqueia a exploração do que um corpo e uma mente efetivamente podem e inibe as ações das quais são capazes.

A vida inadequada — a vida no inadequado — assenta-se (ao mesmo tempo que produz) na imaginação do que não é — da incapacidade, da impossibilidade e da impotência — em vez de se basear no conhecimento do que é — da potência constitutiva, finalmente malversada por seu desconhecimento. Mas esse conhecimento desvanece ao mesmo tempo toda imaginação de onipotência. A vida adequada é a vida do entendimento de si mesma, que assume e afirma sua particularidade positiva, o caráter expressivo e aberto de sua natureza finita, que produz conexões, compõe singularidades complexas e circuitos de afetos ativos. O inadequado é tanto uma imaginação da impotência quanto da

---

[64] Spinoza também relaciona a impotência com paixões alegres paradoxais, nascidas da tristeza e da ausência de conhecimento de si, como a segurança (E, IV, 47, esc.) ou o orgulho (E, IV, 56).

[65] "*Humilitas est Tristitia, orta ex eo, quod homo suam impotentiam, sive imbecillitatem contemplatur*" (E, III, def. af. 26).

onipotência — ou seja, uma extrapolação no exercício do poder sobre a natureza, sobre si mesmo e sobre os outros seres. Spinoza ensina a nos reconciliarmos com o limite e a reconhecer nossa própria finitude. Ou seja, ensina a subtrair o desejo da (má) infinitude — o que significa: sem plenitude possível — com o qual está naturalmente investido; a suprimir a aspiração à infinitude por meio de uma potência ativa. Conquista de uma *moderatio* como efeito ético de uma compreensão de si mesmo como *pars naturae*, sem centralidade alguma, pois toda imaginação de onipotência é um avatar paradoxal da impotência.

A onipotência é desconhecimento que nasce de uma ideia inadequada de si mesmo.

Dois.

O que é um ser humano? Spinoza fornece a esta pergunta uma resposta escandalosa: a essência do ser humano é o desejo (*Cupiditas*). Essa forma de pensar os seres humanos e o que eles são essencialmente resulta escandalosa para a visão religiosa, pois, para ela, *Cupiditas* é a origem do pecado. O fato de homens e mulheres se definirem pela *Cupiditas* e não pelo *Logos* ou pela *Ratio* tem importantes consequências políticas e éticas. Uma delas é o desvanecimento da ilusão da liberdade enquanto livre-arbítrio e vontade livre:

> esta é a famosa liberdade humana, que todos se orgulham de ter, e que consiste apenas no fato de que os homens têm consciência de seu apetite e são ignorantes das causas pelas quais são determinados. (Carta LVIII).

A linguagem é um avatar do desejo pelo qual os seres humanos agem e sofrem; ela também remete à *Cupiditas*, não ao *Logos*. Mas o desejo é um campo de batalha e sempre um efeito do que acontece nele: não há um desejo "em si", puro, anterior ao ocorrer dos corpos e independente dos afetos que o preenchem.

Ele está sempre já constituído por esses afetos que, na sua maioria — quando são afetos passivos ou paixões — têm uma origem externa, social, e quase sempre ignoramos as causas que os desencadeiam. Ou seja, o desejo é sempre induzido, heterodeterminado, transindividual. Não há autonomia do desejo. Nem, portanto, da linguagem. A expressão não é uma liberdade — no sentido que essa palavra tem para a tradição judaico-cristã, radicalizada por Descartes.

A ruptura de Spinoza aqui é com o que, em um precioso livro, Noam Chomsky chamou de "linguística cartesiana", cujo núcleo consiste em um "aspecto criador" no uso da linguagem — ou seja, ilimitado, independente de qualquer estímulo e impossível de explicar de maneira puramente mecanicista. A faculdade de usar a linguagem é, segundo Descartes, "livre". O que significa que ela expressa o pensamento, não as paixões. Além disso, é a prova de que, além da nossa, existem outras mentes capazes de pensar — cuja atribuição aos corpos que percebemos era uma das maiores dificuldades do cartesianismo. Os seres humanos — e apenas eles, portanto, traça-se aqui uma linha absoluta com os animais — não apenas são capazes de usar a linguagem de maneira criativa e impossível de predeterminar, mas também são capazes de abster-se de usá-la e suspender o julgamento.

O texto fundamental em que Spinoza estabelece sua crítica à ilusão dessa liberdade é o escólio da proposição 2 de *Ética* III — e, para isso, como veremos, ele focaliza a incontinência linguística dos seres humanos. A proposição havia afirmado que "o corpo não pode determinar a mente a pensar, nem a mente pode determinar o corpo a agir". E isso ocorre porque corpo e mente não são duas coisas diferentes, mas a mesma coisa, seja considerada a partir da perspectiva de um atributo, seja considerada a partir da perspectiva do outro. Portanto, a crença de que o corpo age (se move ou repousa) por comando da vontade e da mente é uma ilusão ou, mais precisamente, um preconceito.

O escolio, por sua vez, é um longo *excursus* que tira a conclusão de que "o corpo e a mente são a mesma coisa". A primeira conclusão é que essa coisa não é "livre", mas sim uma *pars naturae*.

> Assim, a criança acredita que deseja livremente o leite, o jovem irritado, que deseja livremente a vingança, e o medroso, a fuga. Por sua vez, o embriagado acredita que diz por decisão livre de sua mente o que, sóbrio, gostaria de ter mantido em silêncio; e assim como o delirante, a tagarela, a criança e muitos outros desse tipo acreditam falar por decisão livre da mente, quando na verdade não conseguem reprimir o impulso que os faz falar. Portanto, a própria experiência, não menos claramente do que a razão, ensina que os homens acreditam ser livres apenas porque têm consciência de suas ações e são ignorantes das causas pelas quais são determinados. (*Ética* III, 2, esc.).

À natureza da expressão linguística pertence a sua incontinência. Esta é uma ideia que aparece repetidamente em Spinoza. E possui uma forte carga política. Embora os seres humanos acreditem tê-la à sua disposição e pensem que falam ou se calam quando querem, a linguagem é o efeito de determinações que permanecem, na maioria das vezes, desconhecidas.

Assim como acontece com qualquer movimento do corpo.

> Pois há outra coisa que eu gostaria de notar particularmente aqui, a saber: que não podemos, por decisão da mente, fazer nada que não nos lembremos previamente. Por exemplo, não podemos dizer uma palavra se não nos lembrarmos dela. E não está sob o domínio da mente lembrar-se ou esquecer alguma coisa. Por isso, acredita-se que, sob o domínio da mente, está apenas o fato de que podemos, por meio da única decisão da mente, calar ou falar sobre a coisa que lembramos. Mas quando sonhamos que falamos, acreditamos que falamos por decisão livre da mente, e, no entanto, não falamos ou, se falamos, isso acontece por meio de um movimento espontâneo do corpo. Sonhamos, além disso, que ocultamos certas coisas aos homens, e isso pela mesma decisão da mente, em virtude da qual, estando acordados, calamos o que sabemos... (*Ética* III, 2, esc.).

Em Spinoza, portanto, os seres humanos não são substância, nem são sujeito. Qualquer teoria da subjetivação deve começar pela crítica à ficção da vontade livre — o que implica, por sua vez, uma crítica à "liberdade de expressão" nela pressuposta.

Três.

Neste extenso esclarecimento da proposição 2 da *Ética* III — onde o corpo é concebido como "fábrica" (*fabrica corporis*), e a ignorância geral sobre o que um corpo pode em virtude apenas das leis de sua natureza é evidenciada —, a referência à linguagem introduzida por Spinoza não é irrelevante para a dimensão política e pública da liberdade que motiva a redação do *Tratado Teológico-Político*. Nesse esclarecimento, afirma-se repetidamente que os seres humanos não têm controle sobre o que dizem ou calam, uma vez que a linguagem obedece a uma materialidade autônoma em relação a uma suposta vontade livre:

> [...] os assuntos humanos estariam em uma situação muito melhor se o silêncio e a fala estivessem igualmente sob o poder do homem. Mas a experiência ensina abundantemente que os homens têm sobre nada menos poder do que sobre sua língua. (*Ética*" III, 2, esc.).

A linguagem é determinada por um impulso — que, como ocorre com os afetos, dificilmente os seres humanos são capazes de conter — e baseia-se na memória involuntária das palavras. A conclusão materialista, a partir da postulação da identidade de corpo e mente, é que "aqueles que acreditam falar ou calar, ou fazer qualquer coisa por decisão livre da mente, sonham com os olhos abertos" (*Ética* III, 2, esc.). A mente não é a "causa livre" da linguagem ou de suas ações, mas está determinada a falar ou calar por algo que, por sua vez, também está determinado.

Em outras palavras, assim como "não há nenhuma faculdade absoluta de entender, desejar, amar, etc." (*Ética* II, 48, esc.), também não há uma faculdade absoluta de falar. A linguagem é explicada pelos movimentos do corpo e pela *connexio* extensa, não sendo um efeito do pensamento enquanto concatenação de ideias.

No entanto, a filosofia de Spinoza propõe uma fundamentação da liberdade em um sentido diferente daquele envolvido na noção de livre-arbítrio — uma fundamentação que se alimenta e intervém em um intenso debate interno ao calvinismo holandês, protagonizado por grupos dissidentes herdeiros da tradição arminiana, que defendiam uma radical liberdade de consciência em assuntos religiosos e bíblicos.

A defesa da *libertas philosophandi* não é apenas um motivo defensivo, orientado para desativar o "ódio teológico" e a perseguição de filósofos pelas ortodoxias — embora também seja —, mas uma reivindicação que terá um efeito cultural muito extenso, assim como um impacto decisivo no que o teólogo francês Joseph Moingt chamou de "a perda da crença em Deus" e no subsequente desvanecimento da autoridade eclesial. No entanto, o *Tratado Teológico-Político* não se propõe tanto a preservar uma liberdade privada quanto a fundamentar uma liberdade pública (filosófica, religiosa e política); não apenas a proteger a liberdade de consciência de seu possível dano por parte de um poder comum, mas a produzir uma liberdade institucional capaz de expressar — sem expropriar — uma *potentia democrática* que existe por natureza como poder coletivo de agir e como inteligência geral.

Essa liberdade civil comum, para ser tal, deverá manifestar (expandir, incrementar, emendar, desviar, politizar...) os direitos naturais e a natureza humana sem pressupor sua anulação ou alienação.

Ao mesmo tempo, sua instituição não equivale ao direito de cada um "viver segundo seu próprio critério".

Desvanece-se, portanto, a distinção nítida entre o *forum internum* e o *forum externum*, estabelecida por Hobbes, que subtraía o primeiro (crenças e ideias na medida em que não são comunicadas) do poder punitivo legítimo do Leviatã, cujo exercício era reduzido à exterioridade das ações e palavras. A anomalia spinoziana afirma, contra a perspectiva hobbesiana, que, precisamente porque o corpo e a mente (como *idea corporis*) são "uma e a mesma coisa", a "liberdade" de expressão não é inessencial ou externa à liberdade de pensar.

Portanto, para Spinoza, não há liberdade retida, não manifestada ou clandestina. A liberdade, aqui, é política, um efeito na exterioridade, na comunicação, pois o pensamento é uma *res publica*. Em suma, não existem "mentes livres que habitam corpos obedientes", nem "liberdade de pensamento se houver servidão dos corpos", e não é possível pensar o que se quer sem dizer o que se pensa (sujeito às restrições estabelecidas pela paz).

Portanto, ideias, ações e palavras mantêm uma unidade concomitante à identidade do corpo e da mente que se expressa por meio delas. Embora a inspiração spinoziana tenha sua matriz em Tácito, que atesta a "rareza" da liberdade *(Rara temporum felicitate, ubi sentire quae velis, et quae sentias dicere licet* — *Histórias* I, 1), de certa forma, o "Estado violento" é sempre provisório, se não mesmo uma impossibilidade, pois seu propósito — imperar sobre as mentes e impor as opiniões e afetos dos cidadãos para que pensem e sintam de maneira diferente do que fazem — está fadado ao fracasso devido à própria constituição do direito natural humano. Mesmo que o Estado busque impor obrigações e proibições sobre a fala civil, a contenda política e a conversa filosófica, "ninguém é capaz de renunciar à sua liberdade de opinião e pensamento".

Por isso, um Estado que tenta restringir a liberdade de expressão é prejudicial a si mesmo, pois

> nem os mais experientes, para não mencionar a plebe, sabem se calar. Este é um vício comum dos homens: confiar a outros suas opiniões, mesmo quando o segredo seria necessário. O Estado mais violento, portanto, será aquele que nega a cada um a liberdade de dizer e ensinar o que pensa..."

Spinoza parte, portanto, da constatação de um fato: os seres humanos são, em sua grande maioria e por natureza, incapazes de ocultar seus pensamentos, que tendem sempre a se manifestar, a se exteriorizar em linguagem e a circular. A liberdade de expressão — a *libertas philosophandi*, mas não apenas; também a liberdade de opinar sobre todas as coisas, independentemente de competência — não é tanto um imperativo moral quanto um requisito e uma instituição da vida social que aspira a não ser violenta, dada a irredutível diversidade humana no que diz respeito às crenças e opiniões em questões religiosas, filosóficas e políticas. Dada a irredutibilidade dos *ingenia*.

Longe de alcançar o efeito desejado de reprimir opiniões adversas e ser eficaz na censura das palavras públicas que realizam e expandem a liberdade de pensar, a violência contra a linguagem causa o contrário:

> [...] está longe de ser possível que todos os homens falem de maneira preestabelecida. Pelo contrário, quanto mais se tenta tirar-lhes a liberdade de falar, mais eles se empenham no contrário.

E tem como efeito a perseguição, o exílio e o suplício de pessoas honestas, bem como a deslealdade e a adulação daqueles que prosperam na proximidade do monarca. A liberdade estabelece, assim, a encruzilhada entre filosofia e política, que conjuga o conteúdo filosófico da política e o conteúdo político da filosofia. A *libertas philosophandi* é uma liberdade política fundamental no spinozismo (mais do que um motivo liberal, talvez se detecte aqui um eco distante da antiga isegoria ateniense), ao mesmo tempo em que as instituições políticas democráticas expandem as condições de uma filosofia comum ou em comum — ou seja, uma multiplicação não estritamente de filósofos, mas de pessoas "com espírito filosófico", conforme o anseio de interlocução convocado pelo prefácio do *Tratado Teológico-Político*.

Quatro.

No grandioso projeto civil do *Tratado Teológico-Político*, portanto, o que Spinoza faz é construir a liberdade de pensar e de falar — onde, como mencionado anteriormente, "liberdade" não se equivale à vontade, mas à manifestação do desejo. Este livro militante, destinado a intervir na controvérsia teológica e política que agitava sua época, não foi concebido como uma obra puramente especulativa, mas como um manifesto filosófico transformado em "livro vivo" (no sentido em que Gramsci disse que *O Príncipe*, de Maquiavel, era), que radicalmente sacudiu a filosofia, a política e a religião. O TTP é o manifesto de um "realismo de emenda", ou seja, de uma "reforma intelectual e moral" possível nas condições sociais de sua época. A liberdade que Spinoza procura fundamentar filosoficamente não é uma liberdade privada, mas sim uma liberdade pública, um requisito para a constituição de um pensamento não submetido ao poder repressivo "das mentes" e "das línguas", mas correspondente ao direito natural humano. O regime político que cancela essa liberdade é chamado de *imperium violentum* — seu antônimo conceitual é a democracia, para cuja constituição se orienta a *emendatio* spinoziana da imaginação popular.

Não apenas é impossível *imperare* sobre as mentes, mas também sobre as línguas. Como os seres humanos, como mencionado anteriormente, não conseguem, mesmo querendo, renunciar à liberdade de julgar: não sabem se calar. Por sua vez, nenhuma sociedade suporta uma liberdade de opinião ilimitada, pois existem opiniões que redundam em ações e se orientam para a destruição. O que Spinoza se propõe a fundar é o que mais tarde Kant chamará de "uso público da razão" e mostrar que tal uso não atenta contra o Estado. Mais ainda: as leis contra as opiniões (a regimentação da linguagem) não prejudicam os maus, mas sim os homens livres, e são inúteis. Sobretudo, como estabelece o subtítulo da obra, prejudicam o próprio Estado. A arte política consiste em criar as condições que permitam a livre manifestação das opiniões na sua maior diversidade possível e construir com elas, a partir delas, uma paz.

No entanto, pressuposta essa filosofia política da liberdade de expressão — da qual o TTP é seu documento mais emblemático —, é possível encontrar no pensamento de Spinoza uma liberdade diferente, talvez de origem barroca, que se desloca da política para a ética e cuja importância se manifesta, precisamente, na ausência de condições que favoreçam a liberdade política (na presença de qualquer despotismo). A saber: uma conquista da reticência, do silêncio, da capacidade de se calar; uma moderação do desejo de falar e da manifestação desse desejo. Uma conquista da *liberdade de não expressão* — que não restabelece nenhuma ilusão de vontade livre, nem restitui uma "potestade da mente" capaz de imperar sobre o desejo, nem restaura uma "livre decisão" de reticência. Antigo motivo da escola da prudência, que aqui chamaremos de "liberdade" *impolítica*.

Política é a liberdade de falar, a manifestação do desejo relacionado à linguagem e a possibilidade de exteriorizar esse desejo inalienável de linguagem, preservado apenas por um construtivismo democrático de leis e instituições que não violam a natureza, o direito natural de pensar o que se quer e dizer o que se pensa, a colocação em comum da inevitavelmente diversa opinião que as pessoas têm sobre o bem, sobre o mal e sobre todas as coisas. Mas, em outro sentido, em tempos de destruição da política — que, ao contrário dos tempos políticos aos quais alude o *topos* de Tácito, não são nada "raros" —, a liberdade é, de fato, liberdade de não expressão, suspensão da fala, capacidade de segredo, que nunca estão dadas, mas resultam de um aprendizado e uma moderação. Trata-se aqui de uma liberdade da razão — de uma liberdade ética ou ético-política. Potência de não falar. Potência de não. Reversão do impulso natural do desejo por um trabalho materialista de deslocamento. Além de uma poderosa filosofia política, há em Spinoza uma filosofia impolítica, que não renuncia ao realismo — nem ao maquiavelismo — com o qual pensa os assuntos humanos (a democracia spinoziana não exige nada que vá contra a natureza), em prol de um idealismo da interioridade, do recuo e da renúncia; antes, pelo contrário, também sua filosofia impolítica procede de um realismo e resulta de um modo — neste caso adverso — de se dar a natureza das coisas.

Se, com uma mão, Spinoza escreve uma das maiores fundamentações filosófico-políticas da liberdade e da preservação democrática dos direitos naturais — entre os quais se incluem a comunicação verbal das opiniões, a partilha de ideias e da imaginação —, com a outra, como em filigrana, deixa testemunho da importância que tem para a vida humana uma liberdade diferente, nunca imediatamente dada, que não pertence tanto à ordem do direito quanto à virtude.

Nas páginas finais do *Tratado Breve*, estabelece-se uma conjunção entre amizade e segredo, para cuja necessidade o jovem Spinoza invoca o perigo dos tempos (a "condição do século em que vivemos" — mas não é essa "condição" sempre a mesma?):

> Resta-me apenas, para concluir tudo isso, dizer aos amigos para os quais escrevo este tratado: não se admirem com essas novidades, pois bem sabem que algo não deixa de ser verdadeiro só porque não é aceito por muitos. E, como vocês também não ignoram a condição do século em que vivemos, quero rogar-lhes encarecidamente que tenham cuidado para não comunicar essas coisas a outros. (*Ética* III, 2, esc.).

A filosofia spinoziana da amizade não se alinha a nenhum moralismo desencantado ou idealista; ao contrário, é expressão livre em um regime de cuidados, resultado de uma ontologia da potência que se protege a si mesma em tempos adversos.

Referências bibliográficas

BUTLER, J; "The desire to live. Spinoza's Ethics under pressure", in Victoria Khan & Daniela Coli (eds.), *Politics and the passions*, Princeton University Press, 2006.

BUTLER, J; *Marcos de guerra*, Paidós, Buenos Aires, 2010.

MOREAU, P. F.; "Anthropologie de la faiblesse, anthropologie de la puissance", in María Luisa de la Cámara y Julián Carvajal (eds.), *Spinoza y la antropología en la modernidad*, Olms, Hildeshem-Zurich-New York, 2017.

SPINOZA, B; *Correspondencia*, versão de Atilano Domínguez, Alianza, Madri, 1988.

______*Ética*; trad. Vidal Peña, Editorial Nacional, Madrid, 1983.

______*Tratado teológico-político*, tradução de Atilano Domínguez, Alianza, Madri, 1986.

A escrita dos Deuses
A (impossível) gramática do real

Juan Manuel Aragües

1. Introdução

E se a tarefa da Filosofia, em seu devir ocidental, desde suas supostas origens platônicas, tivesse sido a de apagar as pegadas do mundo? E se seu esforço no constante modelar de abstrações, das quais o Ser, seja Supremo ou despojado de suas vestes divinas, é a figura mais reconhecível, não fosse senão uma estratégia de ocultação do que é? E se a Filosofia, contra todas as expectativas, não tivesse sido senão um teatro de ocultações? O insistente desprezo pelo mundo material e a acentuada vocação produtora de "ultramundos inventados", tal como os qualificou Nietzsche, talvez devessem nos fazer suspeitar que o projeto filosófico dominante, aquele que representa o idealismo, se encontra muito distante dessa pretensão de verdade que seus protagonistas declaram.

No entanto, diante do espanto que o mundo real provoca na tradição filosófica dominante, há outra tradição, silenciada, submersa, marginalizada, cujo empenho não é outro senão a consideração do real em sua complexidade e riqueza. Uma tradição, a do materialismo do encontro, como a nomeia Althusser,[66] que faz do mundo, da vida, o centro de sua reflexão e que descrê de mundos intangíveis habitados por almas serafinas. Uma tradição que, aliás, retoma o fio da imanência com o qual a Filosofia nasceu nas costas da Jônia e que foi traída pela teologia envergonhada que Sócrates e Platão quiseram disfarçar com as vestes da Filosofia.[67] Dos sofistas a Nietzsche, passando pelas brilhantes páginas de Epicuro e Lucrécio, de Maquiavel e Spinoza, de Marx, há uma filosofia que não admite mascaramentos nem disfarces. Para ela, trata-se, ao contrário, de voltar nosso olhar ao mundo real, superando a profunda torcicolo epistemológica que nos provocaram vinte e seis séculos de idealismo. Um esforço doloroso que, se não bastasse, obriga nossos sentidos a um trabalho de (impossível) aclimatação a um mundo de perfis incomensuráveis e de devir inevitável. Um mundo que, talvez, seja inapreensível.

Platão já se encarregou de apontar esse duplo caminho da Filosofia nas páginas de *O Sofista*. Nelas, ele opõe com extrema crueza duas tradições. A primeira delas, constituída, nas palavras de *Teeteto*, por "gente terrível", agrupa aqueles que "arrastam tudo, do céu e do invisível, para a terra, abraçando grosseiramente com as mãos pedras e árvores. Agarrando-se a essas coisas, sustentam que só existe aquilo que oferece resistência e certo contato; definem como idênticos a realidade e o corpo, e, se alguém afirma que algo que não tem corpo existe, eles o desprezam completamente e não querem ouvir mais nada". Frente a eles, Platão defende aqueles que "se defendem muito discretamente a partir de certo lugar elevado e invisível, sustentando veementemente que a verdadeira realidade consiste em certas formas inteligíveis e incorpóreas".[68] O desprezo platônico não disfarçado pela vida, por tudo aquilo que tem a ver com corpos e mundos reais, torna-se imediatamente evidente. Seu olhar, consequentemente, se refugiará no que não é, ao que, paradoxalmente, ele concede o nome de ser, cujo refúgio privilegiado será a linguagem, como a casa do Ser.

[66] Althusser, L. *Para un materialismo aleatorio*; Arena Libros, Madrid, 2002.

[67] Vid. Al respecto Aragüés, J.M, *Deseo de multitud. Diferencia, antagonismo y política materialista*; Pre-Textos, Valencia, 2018.

[68] Platón, *El sofista*; Planeta, Madrid, 1996, pp. 287-288.

2. A impossível gramática do real

Octavio Paz escreve: "A diferença entre a escrita humana e a divina consiste em que o número de signos da primeira é limitado, enquanto o da segunda é infinito; por isso o universo é um texto insensato e que nem mesmo para os deuses é legível".[69] Cabe apontar uma diferença a mais: a escrita dos deuses se materializa em um mundo, enquanto a humana, à sombra da primeira, se constrói com os signos que pretendem replicar esse mundo. Nós, humanos, sempre corremos, em vão, atrás da escrita dos deuses. A aplicação divina tem como resultado uma realidade que se ilumina com todas as cores pensáveis, com os inúmeros matizes que abrigam a infinita finitude do mundo. Borges, em um de seus contos mais celebrados, *Funes, o Memorioso*, nos conta a história de um paralítico cuja capacidade perceptiva é tal que o mundo se lhe apresenta com uma complexidade intolerável. E assim, enquanto nós "percebemos três copos sobre uma mesa; Funes, todos os ramos, cachos e frutos que uma videira compreende".[70] Funes, após o acidente que o deixa acamado, se torna um deus, mas deve renunciar à sua condição divina se quiser continuar sendo humano. A nós nos é vedada a capacidade de dar conta da complexidade de um mundo cuja exuberância nos escapa. Prolífica exuberância que, submetida ao devir do tempo, se multiplica em um processo incessante. Nossa linguagem, ao contrário da dos deuses, não deixa de ser, como aponta Chantal Maillard, uma "luxuosa encadernação da ignorância".[71]

O real, "incessante e vasto universo",[72] tal como o descreve Borges, nos escapa, por sua complexidade, ao mesmo tempo que se multiplica em cada uma de suas apreensões subjetivas. O

[69] Paz, O. *El mono gramático*; Austral, Barcelona, 2016, p. 49.

[70] Borges, J.L. "Funes el memorioso" en *Obras completas II*, Círculo de Lectores, Barcelona, 1992, p. 80.

[71] Maillard, Ch., *La herida en la lengua*; Tusquets, Barcelona, 2015, p. 69

[72] Borges, J.L., "El Aleph" en *Obras completas II*; Círculo de Lectores, Barcelona, 1992, p. 210.

sujeito é uma máquina de desestruturação da certeza do mundo. O sujeito, que é, por sua vez, produto de um mundo, de uma vida produtora de consciência, como nos lembrava Marx, uma vez produzido, produz seu próprio mundo, resultado do trajeto singular, como Virilio dizia, que vincula mundo e subjetividade. Perspectivismo, chamou Nietzsche. Filosofia da produção, sentenciou Deleuze, levando um passo além a reflexão nietzschiana. Qualquer unanimidade na apreensão do real é descartada e, assim, enquanto o idealismo faz da opinião uma fraqueza do pensamento, condenando a relatividade da verdade, a filosofia da produção, de cunho materialista, estabelece a verdade da relatividade. Um exercício que não supõe instaurar o relativismo como ponto de chegada do conhecimento, mas sim como ponto de partida para construir uma imagem compartilhada que permita superar a cacofonia do mundo. Frente à idiotice relativista, tecer opiniões para perfilar um horizonte compartilhado: esse é o empenho de uma ontologia e uma política materialistas.

"Não há linguagem para expressar o que está sendo", nos adverte José Luis Rodríguez García nas páginas de seu imprescindível *El hilo truncado*.[73] "Capturar o real é impossível",[74] reitera, talvez com desassossego, algumas páginas mais adiante. Por isso, há quem apague o mundo e se refugie na linguagem, a qual converte em campo exclusivo do que é e do que não é. O idealismo dedicou boa parte de seus esforços a jogos de linguagem que pretenderam conceder ao *logos* da lógica o privilégio na determinação da realidade. Esquecendo os perfis e sequências da realidade, o idealismo constrói um mundo cheio de digressões lógicas que se tornam o único assento do real.

Muito pelo contrário, a tradição materialista da Modernidade, que vai de Spinoza a Nietzsche, evidenciou até que ponto o idioma era uma ferramenta inútil para a apreensão do real. E o fez denunciando o conceito como, na expressão de Nietzsche, "necrópole da intuição". Os conceitos, denuncia Spinoza, como se

[73] Rodríguez, J.L., *El hilo truncado*; Eclipsados, Zaragoza, 2012, p. 100.
[74] *Ibidem* p. 134.

tivesse acabado de ler o *Funes* de Borges, são a expressão dessa escrita humana incapaz de dar conta da escrita divina:

> Esses termos — *Spinoza se refere aos universais* — se originam no fato de que o corpo humano, por ser limitado, é capaz de formar, de maneira distinta e simultânea, apenas um certo número de imagens (...); se esse número for ultrapassado, as imagens começarão a se confundir, e, se o número de imagens que o corpo é capaz de formar distinta e simultaneamente for muito excedido, elas se confundirão completamente entre si.[75]

Se Funes foi capaz de discernir a complexidade do real, foi precisamente porque ultrapassou a condição humana para se aproximar da divina. Mas isso o condenou, refugiado no mais obscuro de seu aposento, ao silêncio, ao monólogo interior, incapaz de transmitir suas exuberantes sensações. Seu primeiro contato com um humano resulta na confissão dessa incapacidade.

Enquanto Spinoza entende os conceitos como expressão da limitação humana, Nietzsche, em *Sobre verdade e mentira no sentido extramoral*, sublinha o caráter convencional dos mesmos:

> Assim como os etruscos e os romanos dividiam o céu por meio de linhas matemáticas rígidas e atribuíam o espaço delimitado por elas a um deus, como se fosse um templo, cada povo tem sobre si um céu de conceitos semelhante, matematicamente dividido, e então considera que amar a verdade é buscar cada deus (isto é, cada conceito) apenas na casinha que lhe corresponde. Nesse sentido, cabe admirar o poderoso gênio construtor do homem, que é capaz de erguer sobre alicerces tão instáveis (sobre uma corrente de água, por assim dizer) uma catedral de conceitos extremamente complexa: embora, é claro, para encontrar apoio em tais fundamentos, essa construção tenha de ser uma espécie de teia de aranha suficientemente flexível para se acomodar às ondas e sólida o bastante para não ser levada pelo vento. Como gênio da arquitetura, o homem está muito acima das abelhas, pois elas constroem com a cera que coletam da natureza, enquanto o homem o faz com conceitos, ou seja, com um material muito mais frágil, que ele precisa primeiro fabricar

[75] Spinoza, B. *Ética*; Alianza, Madrid, 1994, p. 147.

> por si mesmo. Isso é o que torna o homem digno de grande admiração, e não tanto sua inclinação para a verdade, para o conhecimento puro das coisas. Se alguém esconde uma coisa atrás de um arbusto e depois a procura naquele lugar e a encontra, sua descoberta não lhe dá motivo para vanglória; no entanto, isso é precisamente o que significa buscar e descobrir a 'verdade' dentro do âmbito da razão. Se defino o que é um mamífero e depois aplico essa denominação a um camelo, é evidente que terei formulado uma verdade, mas o valor dessa verdade será reduzido, pois será uma verdade inteiramente antropomórfica, que de forma alguma pode ser considerada verdadeira em si.[76]

E assim, após esse longo *excursus* nietzschiano, chegamos ao que o poeta argentino Roberto Juarroz denomina "a ancestral miragem dos nomes, esses rótulos fixos que furtam a identidade das coisas".[77]

Porque, se algo Platão fez, e com ele toda a tradição idealista, foi criar um etéreo mundo de nomes, do qual o mundo material era entendido como uma cópia imperfeita. Assustado pela potência do real, o idealismo mergulha nas plácidas águas da transcendência e imagina, refugiado no mais profundo de seu aposento, mundos de traços sutis que abominam a imperfeição da matéria. A realidade fica sujeita a um modelo do qual não é senão uma cópia degradada. Um modelo que acaba por substituir a própria realidade. Tudo o que escapa a esse modelo será condenado como simulacro, como Platão se encarrega de advertir nas páginas de *O Sofista*. Pois "a linhagem e o sangue do *sofista*", aponta Platão com desprezo não disfarçado, consiste em "fabricar ilusões nos 'discursos'.[78] Isso é declarado, sem qualquer constrangimento, por quem fabricou um ilusório mundo das ideias, cuja apreensão escapa aos nossos sentidos e será acessível apenas a quem, purificando-se do mundo material e da vida, se aproxima da intelecção divina. Mas não apenas Platão se afasta do real, como toda uma tradição idealista que

[76] Nietzsche, F. *Sobre verdad y mentira en sentido extramoral*, Tecnos, Madrid, 2010, pp. 29-30.
[77] Juarroz, R. *Poesía y Realidad*, Pre-Textos, Valencia, 2000, p. 14.
[78] Platón, *El sofista*, Planeta, Madrid, 1992, p. 356.

desemboca no "insípido monocentrismo dos círculos na dialética hegeliana",[79] que Deleuze tentará conjurar. Daí a admoestação que Nietzsche nos dirige: "Prestai atenção aos sacerdotes da mitologia da Ideia e aos seus joelhos esfolados".[80]

E, no entanto, a realidade não é outra coisa senão simulacro, como enfatiza Deleuze nas páginas de *Diferença e Repetição*. Deleuze adverte que, de fato, o estupor de Funes não é senão a consequência necessária da realidade do mundo, de sua desmedida produtividade. O mundo é diferença, diferença que explode todo conceito. Diferença sem conceito, diferenças livres, oceânicas, distribuições nômades,[81] que fazem deste mundo um caosmos, como "identidade do mundo e do caos".[82]

> No simulacro — escreve Deleuze — a repetição incide já em repetições, e a diferença em diferenças. São repetições que se repetem, e diferenças que se diferenciam. A tarefa da vida é fazer coexistir todas as repetições em um espaço em que se distribui a diferença.[83]

Daí a insuficiência do conceito, inclusive o de diferença. Não se trata de refletir sobre o conceito de diferença, mas sobre a diferença sem conceito. Uma diferença que, submetida à multiplicidade do real, ao devir do tempo e à perspectiva do olhar subjetivo, não encontra abrigo em nenhum conceito. Isso leva José Luis Rodríguez García a "reivindicar a potência do simulacro como certeiro objeto do Poético-Filosófico: uma nova e luxuosa narrativa que desliza como reivindicação da contingência-devir".[84]

Dessa forma, o inútil empenho, portanto, da representação, impotente para cartografar um mundo descontrolado, do qual apenas poderia dar conta a enlouquecida e impossível tarefa que o projeto empirista propõe, e que fracassa. Se toda impressão

[79] Deleuze, G., *Diferencia y repetición*, Júcar, Madrid, 1988, p. 419.
[80] Nieztsche, F., *Sobre la utilidad y el perjuicio de la historia para la vida*, Biblioteca Nueva, Madrid, 1999, p. 110.
[81] *Ibidem* pp. 421-422.
[82] *Ibidem* p. 469.
[83] *Ibidem* p. 32.
[84] Rodríguez, J.L., *Op. cit.* p. 115.

deve produzir uma ideia, como entende Hume, a instabilidade do mundo abre as portas para uma incessante dança de ideias que, fadadas ao fracasso, lutariam para representar o real.

Empenho inútil se, além disso, entendermos que não há apenas um mundo, mas tantos quantos sujeitos se dedicam ao seu conhecimento. Juarroz, novamente, nos interpela: "É preciso demolir a ilusão de uma realidade com um só sentido".[85]

O sujeito se torna a instância leitora do real. E sua potência é tal que o resultado de sua leitura é, na realidade, um novo mundo por ele produzido. Borges entendeu bem isso e, assim, escreveu em 31 de outubro de 1960:

> Um homem se propõe a tarefa de desenhar o mundo. Ao longo dos anos, povoa um espaço com imagens de províncias, de reinos, de montanhas, de baías, de navios, de ilhas, de peixes, de quartos, de instrumentos, de astros, de cavalos e de pessoas. Pouco antes de morrer, descobre que esse paciente labirinto de linhas traça a imagem de seu rosto.[86]

O trânsito entre uma realidade múltipla e em devir, com um sujeito que não está aprisionado, que também flui ao ritmo de uma realidade da qual é efeito e dobra, nos fala de uma complexidade que escapa a toda pretensão de apreensão. Complexidade que, como nos indica Edgar Morin, "é uma palavra problema e não uma palavra solução".[87] Apenas o escuro recanto do aposento de Funes acalma nossa alma, protegida do fulgor insuportável do presente e de seus efeitos de subjetivação. Não é de se estranhar que o idealismo tenha renunciado a entender o mundo, embora tenha nos feito crer que pretendia conhecê-lo e que, de fato, havia alcançado a Verdade do Mundo. Mas fugir da realidade não é opção para um materialismo que sempre entendeu que a filosofia só serve se adquirir uma dimensão política, se se aplicar a transformar esse mundo ao qual pretende se aproximar.

[85] Juarroz, R. *Poesía vertical*, Visor, Madrid, 1991, p. 167.
[86] Borges, J.L. *Obras completas II*, p. 451.
[87] Morin, E. *Introducción al pensamiento complejo*, Gedisa, Barcelona, 1994, p. 22.

Então, o que fazer quando constatamos a inapreensibilidade do mundo? O que fazer quando percebemos que as ferramentas da tradição idealista não são mais do que utensílios rudimentares que, à força de simplificação, acabam por trair o real?

O dever inexorável do filósofo materialista, aquele/aquela que pega o trem em movimento porque sabe que não há Origem nem Fim, fundamento nem *telos*, nem Todo nem Ordem, quem percebe "que tudo se repete e que não existe mais do que a repetição diferencial", como bem aponta Althusser,[88] é renunciar à placidez da simplicidade, ao sossego do recanto escuro do aposento, pois sabe que nem a falsificação nem o silêncio são opções viáveis. Trata-se, portanto, de reconhecer que o mundo nos escapa, que a disposição subjetiva não consegue dar conta do real. Trata-se, nada mais nada menos, de reconhecer a impossibilidade de uma epistemologia materialista.

Mas esse reconhecimento, longe de ser uma concessão ou um fracasso, é o ponto de partida de um intenso trabalho. Um trabalho que começa, em primeiro lugar, por constatar nossa incapacidade de apreender o mundo, por advertir que nossa aproximação dele sempre será insuficiente. Mallarmé apontava que "um lance de dados jamais abolirá o acaso",[89] ou seja, nossa escrita do mundo não reduzirá, de modo algum, sua complexidade. Morin, novamente, nos lembra, referindo-se ao pensamento complexo, que este "sabe, desde o início, que o conhecimento completo é impossível."[90] Mas, insistimos, tal reconhecimento não é, de maneira alguma, expressão de fracasso, mas, ao contrário, condição necessária para uma nova atitude diante do mundo, à qual podemos conceder um nome: a modéstia do conhecimento, figura oposta à soberba da Verdade.

Quando Heisenberg enunciou seu princípio da incerteza, quando nos fez conscientes de que era vão o propósito de apreender a realidade subatômica, pois não somos capazes de determinar, ao mesmo tempo, a posição e a velocidade de uma partícula,

[88] Althusser, L., *Loc. cit,* p. 10.
[89] Mallarmé, S., *Poesías*, Hiperión, Madrid, 2003, p. 231 y ss.
[90] Morin, E. *Op. cit.* p. 23.

e nos advertiu, também, que a intervenção do sujeito provoca uma modificação do sistema observado, ele deu um golpe final à soberba da ciência moderna. O mundo, segundo os princípios de Heisenberg, escapa à pretensão de explicação acabada e definitiva que estava inserida nos princípios da ciência da Modernidade. Do mesmo modo, a abordagem materialista do mundo, a filosofia da imanência, foge da soberba da Verdade (com maiúscula) própria da reflexão idealista, e nos coloca diante da modéstia de um saber que se sabe inadequado, parcial e efêmero. Peça de um gigantesco quebra-cabeça que precisa ser montado.

Mas como fazer isso quando, além disso, as peças desse quebra-cabeça que é o mundo não são senão o resultado de uma produção subjetiva? Marx aponta nos *Grundrisse*, de maneira não suficientemente comentada, ao nosso ver, que "a totalidade concreta, enquanto totalidade de pensamento, é, na verdade, um produto do pensamento",[91] pois o sujeito, efeito de sua vida singular, não é senão uma singularidade que concebe e produz o mundo à sua maneira única. Sem mundo, sem um aparato conceitual adequado, sem um sujeito preso a algo, só nos resta a vertigem, a vertigem da diferença materialista, da qual já falamos em outro momento.[92] Vertigem que não é outra senão a vertigem do mundo. E a vertigem exige ser apaziguada, requer certas certezas.

A primeira delas talvez deva ser alcançada por meio da manutenção crítica das ferramentas da linguagem, mas com a consciência de que elas implicam uma adulteração simplificadora do real. Nossa linguagem não descreve o mundo; é uma tênue e imperfeitíssima imagem do mundo, um fantasma. Mas, como nos lembra Novalis, "na ausência dos deuses, reinam os fantasmas",[93] e apenas eles nos permitem construir um discurso que, embora precário, serve, ao menos, "para nos entendermos". Deleuze e Guattari nos recordavam que, quando dizemos que o

[91] *Ibidem* p. 25.

[92] Aragüés, J.M., *Deseo de multitud. Diferencia, antagonismo y política materialista*, Pre-Textos, Valencia, 2019.

[93] Novalis, en Marcel Brion, *La Alemania Romántica II. Novalis. Hoffman. Jean-Paul*, Barral editores, Barcelona, 1973, p. 51.

sol nasce, não estamos descrevendo o processo real da natureza, mas usamos essa expressão "para nos entendermos" Na mesma lógica, apontavam o "eu" como outro conceito construído metaforicamente para estabilizar, na verdade, um devir. Para nos entendermos, novamente. Nossa descrição do mundo é apenas, devemos ser conscientes, para nos entendermos, sem nenhuma pretensão de verdade última e acabada, essa verdade que gera seu corolário de condenações, de erros e mentiras. Descrevemos o mundo como podemos, mas o mundo continua escorregando entre nossos dedos. A soberba da Verdade, sempre de mãos dadas com o idealismo, deve dar lugar à modéstia da aproximação materialista. A imagem dogmática do pensamento, que Deleuze denunciou, deve ser substituída pelo pensamento sem imagem, atento a imaginar outra imagem, compartilhada, talvez efêmera, do mundo.

Imagem compartilhada, dizemos. Permitam-nos rastrear, de maneira desajeitada, pelos esforços materialistas que desenham o anseio por um olhar diferente, sustentado em um exercício coletivo do conhecimento. Referimo-nos, em particular, a Spinoza e Marx, que já advertiam sobre as enormes insuficiências do idealismo para uma aproximação minimamente eficaz ao mundo. Ambos os autores estabelecem um vínculo estreitíssimo entre vida e conhecimento. Entre as proposições XXXVII e XL da *Ética*, Spinoza desenvolve o conceito de noções comuns, que supõe uma ferramenta fundamental para construir uma nova estratégia de conhecimento de caráter coletivo. De fato, Spinoza afirma, no corolário da proposição XL, que "a alma — assim se escreve, em uma incorreta tradução do conceito spinoziano *mens* na edição espanhola de Vidal Peña — é tanto mais apta a perceber adequadamente muitas coisas quanto mais coisas em comum tem o seu corpo com outros corpos".[94] A comunidade dos corpos, à qual podemos chamar de vida, torna-se, em Spinoza, uma instância facilitadora da construção de uma imagem compartilhada do mundo. Marx, por sua vez, nos aponta, nas páginas de *A Ideologia Alemã* junto com Engels, que "é a vida que determina a

[94] Spinoza, B. Ética, Alianza Editorial, Madrid, 1994, p. 146.

consciência", de tal modo que uma prática comum, como a que se deduz da pertença a um mesmo sujeito político, contribui para construir um olhar compartilhado sobre a realidade. Sabedores de que o nosso é um olhar singularizado, a construção de um corpo coletivo, como o são todos os corpos em Spinoza, como é o desejo político em Marx, torna-se condição de possibilidade de uma imagem comum do real. O comum (*koinon* em oposição ao *idion*), a comunidade, como estratégia estabilizadora da "fragmentação das realidades sensíveis",[95] que Blanchot atribui ao fluxo do real. É o próprio M. Blanchot que, em *O Último Homem*, nos coloca no caminho desse conhecimento compartilhado, coletivo, consciente dos desvios do mundo, que se opõe ao estatismo da tradição dominante:

> Contra ti, pensamento imóvel, acaba de tomar forma, brilhar e desaparecer tudo o que de todos se reflete em nós. Desse modo, temos o mundo mais vasto possível, desse modo, em cada um de nós, todos se refletem através de um espelho infinito que nos projeta em uma intimidade radiante da qual cada um retorna a si mesmo, iluminado por ser apenas o reflexo de todos. E o pensamento de que não somos, cada um, senão o reflexo do reflexo universal, esta resposta à nossa leveza nos embriaga com aquela leveza, nos torna cada vez mais leves, mais leves que nós mesmos, no infinito da esfera refletora que, da superfície ao brilho único, é o eterno vai e vem de nós mesmos.[96]

3. O Materialismo, a Vida

Poderíamos estabelecer que a principal ocupação de uma filosofia de orientação materialista é a reflexão sobre a vida. Vida social, vida cultural, vida pessoal, vida coletiva, vida mística... vida, em todo caso. A vida em sua enorme complexidade, em seus perfis variados, empenhos e esforços, vida que se mostra em uma extensíssima rede de relações que vincula o sujeito ao tecido do real,

[95] Blanchot, M. *El libro por venir*, Trotta, Madrid, 2005, p. 44.
[96] Blanchot, M. *El último hombre*, Arena Libros, Madrid, 2001, p. 109.

que condensa, também, um passado que não deixa de pesar sobre o presente e que, junto com este, delineia o futuro. K. Marx, com a beleza que muitos de seus textos guardam, nos lembra, em *O Dezoito Brumário de Luís Bonaparte*, que "a tradição de todas as gerações mortas oprime como um pesadelo o cérebro dos vivos".[97] O sujeito é um efêmero ponto de condensação vital, um pequeno *aleph*, um mundo.

O projeto do idealismo, desde suas origens platônicas, foi fugir do mundo e, com ele, da vida. E, para isso, refugiou-se em uma gramática do Ser, cuja incessante e tediosa declinação teceu o texto de boa parte do pensamento ocidental. Niilismo, chamou Nietzsche. *O Sofista*, de Platão, ao qual já fizemos referência em várias ocasiões, é um magnífico exemplo de como certa filosofia transformou o pensar em meros jogos de linguagem, sem nenhum ancoramento na realidade. Um projeto que, por outro lado, demonstra uma enorme agressividade contra todo aquele que tenta se aproximar do mundo. Diógenes Laércio, recordemos, conta que Platão propôs queimar as obras de Demócrito.[98] O monoteísmo, seja filosófico, seja teológico, sempre abriga uma enorme intransigência: a daquele que se acredita investido pela Verdade. Platão, pela boca de *Teeteto*, não hesita em qualificar de "gente terrível" aqueles que expressam em seus textos a pretensão de abraçar uma árvore.

Quando José Saramago foi a Estocolmo para receber o Prêmio Nobel de Literatura, ele nos tocou profundamente com um deslumbrante discurso de aceitação. Nele, o autor de tantas celebradas novelas contou sobre a dura vida de seus avós, em meio ao campo português, sua relação com os animais, árvores e plantações que constituíam sua vida e que lhes permitiam viver. Realidades que não apenas ofereciam sustento, mas que se entrelaçavam com suas próprias vidas. Saramago nos lembra a perfeita lição de filosofia materialista presente no último gesto de seu avô, "o homem mais sábio que conheci na vida", que "não sabia ler nem escrever". Escreve Saramago:

---

[97] Marx, K. *El dieciocho Brumario de Luis Bonaparte* Espasa, Madrid, 1985, p. 241.
[98] Laercio, D. *Vidas de filósofos*, IX, 40.

> Esse foi meu avô Jerônimo, pastor e contador de histórias, que, ao pressentir que a morte vinha buscá-lo, despediu-se das árvores de seu pomar uma a uma, abraçando-as e chorando porque sabia que nunca mais as veria.

Após séculos abraçando fantasmas, a filosofia bem poderia estabelecer como empenho excepcional e imprescindível o de abraçar árvores, abraçar o mundo. Mesmo sabendo, nesse exercício, que a árvore que abraçamos é, por si só, excessiva para nosso conhecimento limitado. Porque Funes, que "não só se lembrava de cada folha de cada árvore de cada monte, mas de cada uma das vezes que a havia percebido ou imaginado",[99] possuía um privilégio absolutamente vedado aos seres humanos: o olhar dos deuses.

Referências bibliográficas

ALTHUSSER, L. *Para un materialismo aleatorio*; Arena Libros, Madrid, 2002.

ARAGÜÉS, J.M, *Deseo de multitud. Diferencia, antagonismo y política materialista*; Pre-Textos, Valencia, 2018.

BLANCHOT, M. *El libro por venir*, Trotta, Madrid, 2005.

BORGES, J.L. "Funes el memorioso" en *Obras completas II*, Círculo de Lectores, Barcelona, 1992.

______"El Aleph" en *Obras completas II*; Círculo de Lectores, Barcelona, 1992.

DELEUZE, G., *Diferencia y repetición*, Júcar, Madrid, 1988.

JUARROZ, R. *Poesía vertical*, Visor, Madrid, 1991, p. 167.

______*Poesía y Realidad*, Pre-Textos, Valencia, 2000.

LAERCIO, D. *Vidas de filósofos*, IX, 40.

MAILLARD, Ch. *La herida en la lengua*; Tusquets, Barcelona, 2015.

MALLARMÉ, S., *Poesías*, Hiperión, Madrid, 2003.

MARX, K. *El dieciocho Brumario de Luis Bonaparte* Espasa, Madrid.

[99] Borges, J.L. *Op. cit.*, p. 81.

MORIN, E. *Introducción al pensamiento complejo*, Gedisa, Barcelona, 1994, p. 22.

NIETZSCHE, F. *Sobre verdad y mentira en sentido extramoral*, Tecnos, Madrid, 2010.

______. *Sobre la utilidad y el perjuicio de la historia para la vida*, Biblioteca Nueva, Madrid, 1999.

NOVALIS, en Marcel Brion, *La Alemania Romántica II. Novalis. Hoffman. Jean-Paul*, Barral editores, Barcelona.

PAZ, O. *El mono gramático*; Austral, Barcelona, 2016.

PLATÓN, *El sofista*; Planeta, Madrid, 1996.

RODRÍGUEZ, J.L., *El hilo truncado*; Eclipsados, Zaragoza, 2012, p. 100. *Ibidem*.

SPINOZA, B. *Ética*; Alianza, Madrid, 1994.

A instituição entre história, política e vida[100]

Roberto Espósito

Se eu tivesse que indicar a tarefa para a qual somos chamados, diria que é repensar a instituição, no seu significado mais profundo de instituição da vida. Mas por que abrir — ou reabrir — hoje um discurso sobre a instituição no ponto de interseção entre pensamento e prática? O que torna a prática e o pensamento, entendidos em sua capacidade instituinte, uma passagem necessária para o debate público contemporâneo? Talvez nada mais do que a pandemia que abalou o mundo nos tenha oferecido uma oportunidade de responder a essas perguntas. Nunca, como nesta fase, marcada por luto, solidão, obstáculos individuais e coletivos, sentiu-se a necessidade de instituir novamente a vida e até de instituir uma nova vida, depois que a morte parecia pairar sobre ela por muito tempo. Considerações semelhantes poderiam ser feitas sobre as guerras em curso, marcadas de maneiras diferentes por elementos teológico-políticos. Ao contrário daqueles que imaginavam que a globalização econômica e financeira abriria uma era de paz e permitiria uma extensão linear da democracia, as coisas estão indo na direção oposta. A vida humana é ameaçada e

[100] Uma versão deste ensaio foi publicada na *Revista Fronteiras da Psicanálise*, nº 1, 2021, páginas 163-173.

sobrepujada pela morte. E nosso esforço comum só pode ser o de instituí-la sempre de novo.

A vida humana não é apenas um dado puramente natural, um simples evento biológico. Precisa ser instituída no plano social, político e simbólico de uma forma que ultrapasse a esfera individual, para entrar em uma rede de relações capaz de intensificá-la e desenvolvê-la. Afinal, o que é a nossa vida senão uma instituição contínua de novas relações e novos significados? Hannah Arendt, referindo-se a Agostinho de Hipona, escreveu que os próprios homens são um começo, porque seu primeiro ato é vir ao mundo, dando vida a algo que antes não existia.[101] Portanto, não é possível deixar de instituir a vida. Mesmo nos momentos mais sombrios, como os que vivemos e ainda vivemos, a tendência humana de recomeçar, de partir para uma jornada que envolve cada um e todos, nunca desaparece.

Isso é possível apenas por meio das instituições. Naturalmente, cada um pode, e deve, ter um projeto de vida individual, mas ninguém pode ser completamente indiferente à sociedade que o cerca e à sua organização institucional. Nesse sentido, vida e instituições estão ligadas por um nó indissolúvel. Assim como não há vida sem instituições, as instituições incorporam em seu interior a vida das pessoas, tornando-as vitalmente ativas. No fundo, as instituições são organismos vivos que nascem, se desenvolvem e, às vezes, morrem quando suas motivações se esgotam. Assim como os seres humanos, estão inseridas no fluxo da história — são influenciadas por ela e, por sua vez, a influenciam. Pode-se dizer que estão precisamente no ponto de interseção entre vida, história e política, permitindo a sucessão e a renovação das gerações. Porque sua função não é apenas garantir a convivência de um certo número de seres humanos em um determinado território, mas também garantir a continuidade na mudança, prolongando a vida dos pais na vida dos filhos.

Se, a partir dessas considerações gerais, olharmos para o que está acontecendo hoje ao nosso redor, em uma das temporadas

[101] 1 Cfr. H. Arendt, *The Human Condition*, Chicago, The University of Chicago Press, 1958; trad. it. *Vita activa*, Milano, Bompiani, 1964, p. 128.

mais dramáticas para a vida individual e coletiva, não podemos ignorar o papel decisivo que as instituições desempenharam. Certamente, elas foram criticadas — muitas vezes justamente — por como operaram: pelas falhas, atrasos e contradições que caracterizaram suas intervenções, por vezes confusas, nem sempre indispensáveis, frequentemente mal comunicadas. Mas a medalha também tem outro lado. Vamos nos perguntar: como teríamos feito sem instituições durante a pandemia, sem uma bússola para orientar nossos comportamentos, sem barreiras para canalizá-los? Como teríamos resistido aos ataques do vírus fora das instituições? Falo de todas as instituições. Internacionais, nacionais, locais, sociais, profissionais. Instituições públicas e privadas, políticas e sociais, governamentais e não governamentais, que nos permitiram, mesmo que com desconforto e esforço, seguir em frente. Chama a atenção o fato de que, no ano e meio de pandemia, elas tenham sido frequentemente criticadas por perspectivas diversas e, às vezes, opostas. De um lado, por excesso, do outro, por falta de decisão. Acusadas por alguns de comprimir ilegitimamente as liberdades individuais, apareceram para outros como incapazes de governar com firmeza os comportamentos individuais e coletivos. Em certa medida, ambas as críticas eram justificadas. Isso não tira o fato de que, diante de um evento catastrófico e totalmente inesperado, as instituições se revelaram indispensáveis. Se a pandemia não varreu todas as resistências, avançando indisturbada, deve-se essencialmente a elas. O fato de terem mostrado limitações evidentes, em vez de levar a uma atitude de rejeição preconcebida, deveria aumentar nosso compromisso em fortalecê-las, mas também em modificá-las. Sociedade, mercado, saúde, escola, administração — nenhuma dessas instituições pode permanecer como era antes. Sua durabilidade coincide com sua renovação.

2. Uma questão que envolve não apenas a prática efetiva, mas também a filosofia das instituições e, mais precisamente, sua relação com a história. As instituições só valem a pena se forem capazes de se modificar. Em vez de serem como blocos imóveis no tempo, devem ser vistas do ponto de vista de seu tornar-se. Somente instituições que saibam se renovar de acordo com as necessidades dos cidadãos podem aspirar à sua confiança. Precisamente aqui — na falta, ou insuficiência, da capacidade de se modificar — afundam as raízes de uma crise institucional que remonta aos anos 1960, quando explodiu um contraste radical entre instituições e movimentos. Se revisitarmos o debate daquela época, veremos que ele estava dividido em duas polaridades aparentemente inconciliáveis, postas em um conflito radical uma com a outra. De um lado, a reintrodução de um modelo conservador de instituição, refratário a qualquer transformação; do outro, uma proliferação de movimentos anti-institucionais irredutíveis à unidade de um projeto comum. O resultado dessa divergência foi um descolamento cada vez mais nítido entre política e sociedade. A uma lógica institucional fechada em si mesma, incapaz de se comunicar com o mundo social, opôs-se uma poeira de protestos desconexos que não souberam se unir em uma frente única. Isso levou a um resultado duplamente contraproducente. Assim como o fechamento autorreferencial das instituições provocava reações drasticamente anti-institucionais, essas, por sua vez, determinaram um endurecimento adicional das instituições. Excluindo, em princípio, qualquer termo intermediário, instituições conservadoras e práticas anti-institucionais fortaleceram-se mutuamente, bloqueando qualquer dialética política de renovação.

Chama a atenção o fato de que, até as últimas décadas, mesmo com intenções diferentes, os maiores intelectuais de direita e de esquerda — de Bourdieu a Foucault a Gehlen — tenham acabado compartilhando a mesma interpretação, estática e conservadora, das instituições. Os primeiros para defendê-las, os segundos para atacá-las e, se possível, desmantelá-las. No entanto, o que era excluído era a possibilidade de modificação. Como se não pudéssemos fazer mais do que aceitá-las como eram ou abandoná-las ao seu destino. Se as instituições são consideradas, por sua natureza, reacionárias, então não há outra maneira senão combatê-las frontalmente, sem se deparar com o trabalho árduo de transformá-las. O confronto armado dos anos 1970[102] foi o resultado extremo da incapacidade de pensar conjuntamente instituição e história, sociedade e política, vida e formas. Naquela época, parecia não haver hipóteses intermediárias entre o apelo às armas e o abandono das instituições. O que as conectava, embora por oposição, era uma demanda absoluta de imediatismo contra qualquer mediação institucional. No fundo, o que chamamos de 'populismo' é a vontade de pular as instituições e, antes mesmo disso, a incapacidade de entender seu significado. Seu núcleo central, apesar da variedade de suas manifestações, é constituído precisamente pela recusa das instituições. Uma recusa que muitas vezes assumiu um aspecto rude e violento. O ataque criminoso ao Capitólio, a principal instituição dos Estados Unidos da América, por um bando de agitados, talvez tenha sido a ponta extrema desse comportamento. Depois, recentemente, a onda anti-institucional começou a recuar. Vários sinais indicam isso, na Itália, na Europa, no mundo, dando a sensação de que as instituições podem ser alteradas de dentro. Mas isso não é suficiente. Para interromper definitivamente a deriva anti-institucional, é necessário inaugurar um novo pensamento das instituições, capaz de reconhecer seus limites e potencialidades.

3. Vamos partir de algumas definições — mesmo sabendo que as definições nunca são perfeitas e muito menos definitivas. O que são, propriamente, as instituições? Como nascem e como se renovam? Que formas assumem e que conteúdos veiculam? Como sempre, nestes casos, é bom começar pela etimologia, mesmo sem se deixar aprisionar por ela.

'Instituição' é um termo de origem latina, *in-statuere*, que contém as duas polaridades, aparentemente contraditórias, do movimento e da estabilidade. Por 'instituição', entende-se, por um lado, um processo — o processo instituinte — que dá vida a algo que antes não existia. Uma atividade criativa, fundadora, geradora.

[102] Esposito se refere aos "anos de chumbo", uma das épocas mais sombrias da Itália republicana, marcada por violência nas ruas, assassinatos, luta armada e terrorismo vermelho. (Nota dos editores).

Por outro lado, o resultado desse processo, o que ele alcança, é um aparato relativamente estável, uma realidade organizada que serve para canalizar, garantir e facilitar nossa experiência individual e coletiva. Nesse segundo sentido, instituições incluem impérios, Estados, partidos, parlamentos, sindicatos. Mas também a Igreja, a escola, a universidade, prisões, hospitais, quartéis. Num sentido ainda mais amplo, se instituição é entendida como um sistema de regras que determina nossa atividade ou uma certa prática de vida, inclui também a linguagem, o jogo, o casamento, a troca, o presente — tudo o que une as pessoas em uma prática comum e repetida. Em suma, as instituições são formas, estruturas, organizações destinadas a cumprir funções públicas e privadas em resposta a interesses específicos, sendo o principal deles a conservação da vida, mas também a inovação.[103]

Naturalmente, conservação e inovação não são a mesma coisa. São elementos presentes em proporções diferentes em cada instituição. Nesse sentido, existem instituições conservadoras de algo — até mesmo de poderes preexistentes — e instituições inovadoras, que, por sua vez, geram transformação. Mas, para captar o significado ambivalente da instituição, em vez de opor esses dois aspectos da conservação e da inovação, é preciso articulá-los juntos, com toda a aporia que resulta disso. Instituir significa criar algo que não existia antes, introduzir uma novidade radical no quadro anterior. Mas, depois, para que a instituição tome forma e se consolide, essa novidade precisa ser tornada duradoura, permanente no tempo. Assim, o resultado do movimento instituinte, mais do que um devir, é um estado, uma entidade destinada a '' resistindo à sua dissolução. Daí seu caráter aparentemente contraditório. Instituir é um movimento que tende a se negar, a criar estase. Inaugura, eleva algo que deve permanecer firme em sua base. O resultado do movimento instituinte é a estabilidade do instituído. Daí uma espécie de diferença interna, de tensão, que torna a instituição exterior ao movimento instituinte que a gerou. É o que Hegel chamava de 'espírito objetivo' — a solidificação, precisamente objetiva, de uma intenção subjetiva. É um processo

[103] Tentei traçar um perfil disso em "Instituição", Bologna, *Il Mulino*, 2021.

no qual, no auge, na lógica hegeliana, há a edificação do Estado. A instituição, para Hegel, expressa essa dialética de subjetivo e objetivo, liberdade e necessidade, interno e externo. Segundo ele, o Estado político não oprime, mas potencializa a sociedade civil. Essa confiança na dialética entre sociedade e Estado, poder instituinte e poder instituído, não durará muito tempo. Já Marx e, depois, ainda mais Nietzsche, verão no Estado ético hegeliano o 'monstro frio', que Max Weber traduzirá no conceito, mais sóbrio, mas igualmente crítico, de 'gaiola de aço'. Já essa crítica pode ser atribuída aos primeiros germes do processo de desinstitucionalização ao qual fizemos referência. O que era uma mediação possível em Hegel se dividiu em uma alternativa seca, cujo contraste radical entre movimentos e instituições constitui o resultado do século XX. Rigidez institucional e negação violenta das instituições tornam-se, assim, as duas polaridades que arrastam a discussão para um impasse do ponto de vista filosófico e político. Se as instituições não são nada além de um emaranhado de poder voltado para sua autoconservação, não resta outra alternativa senão o caminho, violento ou resignado, de sua destituição. Não é à toa que o mito neoanarquista de uma sociedade sem instituições ou, como também se diz, de um processo "destituinte" orientado para desativá-las retorna de várias partes. Um pedido de imediatismo arrisca-se a derrubar a arquitetura institucional. A demanda, cada vez mais difundida, por democracia direta, contra as instituições da democracia representativa, constitui, ao mesmo tempo, sintoma e resultado disso. A alternativa que se apresenta desliza em direção à oposição drástica entre instituições sem liberdade e liberdade fora das instituições, quando apenas a liberdade nas instituições oferece uma possibilidade adequada de vida civil.

4. Para um renascimento do interesse pelas instituições, foi necessário esperar até a década de 1980. O livro de James March e Johan Olsen, "A redescoberta das instituições," marca, simbolicamente, o início desse período.[104] Da mesma forma, o sucesso

[104] 3 J. G. March e J. P. Olsen, *Redescovering Institutions. The Organizational Basis of Politics*, New York, The Free Press, 1989; trad. it. *Riscoprire le istituzioni. Le basi organizzative*

editorial — na Itália e no exterior — dos institucionalistas franceses e italianos, de Maurice Hauriou a Santi Romano, é um sinal evidente disso. No entanto, nas décadas anteriores, algumas correntes culturais — especialmente a fenomenologia francesa, a antropologia alemã e, precisamente, o institucionalismo jurídico italiano — já haviam, à contracorrente e antecipadamente, inaugurado uma pesquisa original e profunda sobre a dinâmica das instituições. O que unia, apesar das muitas diferenças, essas correntes culturais? Diria essencialmente três elementos, que se encontram, de forma diferente, em cada uma delas. Em primeiro lugar, a relação, já mencionada, com a história, a historicidade profunda das instituições. Longe de serem um bloqueio à transformação histórica, elas estão sempre situadas historicamente no ponto de interseção e tensão entre passado, presente e futuro. É precisamente sua raiz no passado que permite, a partir do presente, projetá-las no futuro.

Retorna a questão complexa da relação entre novidade e permanência. Maurice Merleau-Ponty, a quem devemos uma verdadeira fenomenologia da instituição, afirma que, em cada 'tomada' há, de fato, uma 'retomada'.[105] É vão procurar uma origem precisa do movimento instituinte, porque ele se insere em um processo histórico cujo início é agora irreconhecível. Isso não significa que não haja novidade, mas que ela está sempre situada em uma sucessão que nunca perde o contato com as raízes. Nesse sentido, o processo instituinte é diferente do que é definido como poder constituinte. Enquanto este surge da decisão de um sujeito soberano, de acordo com a categoria teológica da *creatio ex nihilo*, a prática instituinte é sempre uma *creatio ex aliquo*, uma criação a partir de algo que já existe e opera. Nesse sentido, a lógica institucional escapa à teologia política e também à sua secularização. A criação nunca parte do zero. A nova instituição — a instituição do novo — sempre se enraíza em uma realidade já instituída. Longe de ser absoluta — *ab-soluta*, ou seja, solta de qualquer

---

della politica, Bologna, il Mulino, 1992.

105 Cfr. M. Merleau-Ponty, *L' "institution" dans l'histoire personelle et publique*, in Id., *Résumé de cours (Collège de France), 1952-1960*, Paris, Gallimard, 1969.

condicionamento — a instituição é sempre condicionada pelo contexto social em que se encontra. Mas, atenção, 'condicionada' não significa 'determinada', porque o novo que ela cria nunca é uma mera repetição do que já existia.

Na instituição — ou melhor, no instituir — algo emerge de algo mais, transformando-o também radicalmente. Mas não do nada, como a centelha da criação divina ou o repentino estouro de uma revolução. Precisamente porque nasce sobre uma base historicamente determinada, a instituição pode se estender para o futuro, modificando radicalmente o panorama existente.

Pense, por exemplo, em uma descoberta científica, que, por mais nova que seja, sempre tem por trás uma pesquisa anterior, que ao mesmo tempo ela desenvolve e inova.

5. Mas — indo para o segundo elemento do movimento instituinte — ao transformar o real, a prática instituinte também transforma o sujeito que a instituiu. Primeiro, porque no início de toda instituição há sempre vários sujeitos e sua relação. E depois, porque, prolongando-se no tempo, ela se dirige também aos sujeitos futuros, às gerações que virão depois. Certamente, para que esse caráter plural da prática instituinte se afirmasse, levou tempo. Embora o conceito medieval de *institutio* faça referência a uma única *auctoritas*, um *auctor*, após a Revolução Francesa, a instituição cada vez mais assumiu um rosto coletivo e também impessoal.[106] Até mesmo o Estado, que também é interpretado pelos juristas como pessoa jurídica, é constituído por um conjunto de órgãos que ultrapassam a dimensão subjetiva e agem, pelo menos teoricamente, de maneira impessoal. Isso também se aplica ao novo pensamento das instituições que estamos — também aqui, muitos de nós — trazendo à tona.[107] Como todo pensamento, ele também nunca é totalmente original; retoma, modificando-os, pensamentos já pensados por outros, que, por sua vez, serão repensados e modificados ao longo das gerações seguintes. Em

[106] 5 Cfr. A. Guéry, *Institution. Histoire d'une notion et de ses utilisations dans l'histoire avant les institutionnalismes*, in "Cahiers d'économie politique", n. 1, 2003.

[107] Cfr. il fascicolo di "Discipline filosofiche", dedicato all'istituzione, n. 2, 2019, a cura di E. Lisciani-Petrini e M. Adinolfi.

suma, o pensamento da instituição é modificado em trânsito pela própria instituição. Isso se aplica ao trabalho do filósofo — que sempre se insere em uma reflexão preexistente — mas também ao do cientista ou do político. Isso significa que, em vez de preceder a instituição, a subjetividade instituinte é formada, por sua vez, pelo que institui, por sua própria implementação. Em vez de depender de um único sujeito, ou mesmo de vários sujeitos pré-constituídos, a prática instituinte molda ela mesma a subjetividade que produz, estendendo-a em um processo de subjetivação. Ao instituir algo, o sujeito se institui ele mesmo, ou melhor, é instituído por seu próprio instituir. Essa é uma outra diferença em relação ao poder constituinte. Enquanto este é sempre ativado por um sujeito já constituído — um líder de partido, uma assembleia, um povo —, o poder instituinte vê seus próprios sujeitos emergirem dos mesmos processos institucionais que ativou.

Do ponto de vista instituinte — ou seja, de sua contínua transformação —, a instituição não deve ser pensada como uma identidade bloqueada em si mesma, mas como uma entidade continuamente alterada. Como observou Massimo Recalcati, referindo-se aos quatro discursos de Lacan, a instituição, em vez de um pleno, deve ser entendida como um 'vazio central', em torno do qual discursos diferentes se alternam sem nunca ocupar definitivamente o campo.[108]

A força da instituição está em manter viva essa dialética, sem jamais saturá-la completamente. É uma maneira de articular a objetividade das instituições à subjetividade do desejo — no duplo sentido da instituição do desejo e do desejo de instituição. Para fazer isso, é necessário quebrar a cadeia que por muito tempo esmagou a gramática das instituições na semântica do sacrifício. Uma concepção sacrificial das instituições percorreu a cultura europeia do século passado — não apenas a filosofia, a sociologia e a antropologia, mas também a psicanálise freudiana. Precisamente Freud, condicionando a civilização à inibição dos impulsos

---

108 7 M. Recalcati, *Il campo istituzionale tra Legge e desiderio: abbozzo per una teoria clinica dell'istituzione*, in "Almanacco di filosofia e politica", n. 2, 2020, a cura di M. Di Pierro, F. Marchesi, E. Zaru, pp. 35-51.

naturais, acabou por opor instituições e desejo. Naturalmente, sua análise era muito rica e complexa. No entanto, o fato permanece: a partir dessas premissas, apenas sublimando-se — e, assim, alienando-se — o desejo pode sobreviver ao desenvolvimento da civilização. Radicalizando a perspectiva freudiana, Marcuse reafirmou a concepção sacrificial das instituições, opondo-as à dimensão do *eros*.[109] Mas ela só se sustenta se situarmos desejo e lei em duas polaridades inconciliáveis — pensando o desejo como um fluxo ilimitado e a lei como sua necessária repressão. Romper com esse esquema de leitura é central para uma nova teoria das instituições e também para uma nova prática psicanalítica.[110]

6. O terceiro elemento constitutivo da instituição — atribuível principalmente ao institucionalismo jurídico da primeira metade do século XX — é sua não redutibilidade ao Estado. Tanto com Maurice Hauriou quanto com Santi Romano, o institucionalismo jurídico amplia o conceito de instituição além dos limites do Estado, rompendo a relação exclusiva entre instituição e soberania. A instituição, antes de dar origem ao Estado, enraíza-se na sociedade da qual ela mesma surge através de um longo processo de formação. Como é sabido, o Estado moderno é muito mais recente do que as instituições antigas e medievais que o antecederam e, por vezes, o contestaram. Portanto, seu poder não pode ser personificado por uma única pessoa jurídica, a ponto de, ao lado das 'instituições-pessoa', coincidentes com os organismos políticos, Hauriou falar em 'instituições-coisa', emancipadas da forma da pessoa jurídica.[111]

Mas o verdadeiro salto qualitativo nessa direção é realizado por Santi Romano. Mesmo operando no contexto do fascismo e não isento de traços conservadores, seu pensamento

---

[109] 8 Sobre o caráter sacrificial das insituiçoes, veja-se, P. L. Berger, *Pyramids of Sacrifice*, New York, Basis Books, 1974; trad. it *Le piramidi del sacrificio. Etica politica e trasformazione sociale*, Torino, Einaudi, 1981.

[110] 9 Cfr. M. Recalcati, *Contro il sacrificio. Al di là del fantasma sacrificale*, Milano, Cortina, 2017.

[111] 10 Cfr. Cfr. M. Hauriou, *La théorie de l'institution et de la fondation*, in "Cahires de la nouvelle journée", n. 4, 1925; trad. it. *La teoria dell'istituzione e della fondazione (Saggio di vitalismo sociale)*, Macerata, Quodlibet, 2019, a cura di A. Salvatore.

institucionalista possui uma extraordinária potência instituinte. Já em uma célebre conferência sobre a crise do Estado,[112] ele identifica, de maneira perspicaz, as primeiras fissuras do Estado soberano e, em sua obra-prima sobre o ordenamento jurídico,[113] inverte a relação entre Estado e direito. É o Estado que é dependente do direito, e não o contrário. Isso questiona o primado absoluto do Estado sobre as outras instituições, herança da tradição hegeliana e do positivismo jurídico. Para Romano, cada ordenamento é uma instituição e vice-versa. Dessa forma, a exclusividade da pessoa jurídica estatal como fundamento do direito diminui, pois o direito tem sua fonte não apenas na lei escrita, mas também no costume e, principalmente, na necessidade de ordem social.

Isso é capaz de agir não apenas *extra legem*, fora da lei, mas também *contra legem*, contra a lei, derogando, quando necessário, as normas vigentes e criando novas. Por exemplo, as medidas de combate à pandemia não surgiram de uma vontade subjetiva, mas de uma necessidade objetiva, embora, naturalmente, tenham passado pela aprovação do governo e depois pelo parlamento, que as legitimou. Dessa forma, o próprio direito, originado pela necessidade social, torna-se uma potência instituinte capaz de criar constantemente nova realidade jurídica. O resultado dessa abordagem é verdadeiramente disruptivo em relação à tradicional doutrina da soberania estatal. Instituições autônomas, ou seja, autorreguladas, existem não apenas dentro do Estado, como as regionais ou municipais, ou como partidos e sindicatos, mas também fora dele, como a União Europeia para a Itália, por exemplo. Mas elas podem surgir até mesmo contra o Estado, como os movimentos de protesto organizados.

O ponto de virada na prática e na teoria das instituições pode ser situado na última década do século XX, após a queda do Muro de Berlim. Até então, o individualismo metodológico e a cultura marxista, apesar de opostos, haviam se aliado em uma

---

[112] 11 Cfr. S. Romano, *Lo Stato moderno e la sua crisi* (1909), Milano, Giuffré, 1967.

[113] 12 S. Romano, *L'ordinamento giuridico* (1917-1918), Macerata, Quodlibet, 2019, a cura di M. Croce.

obra de desinstitucionalização da política. Ambos acabavam por não reconhecer o papel das instituições — para a cultura liberal, opressivas em relação às escolhas individuais; para a marxista, determinadas, em última instância, pelos eventos econômicos. Ambas consideravam as instituições não como sujeitos decisivos no jogo político, mas como meros contêineres dos comportamentos individuais e coletivos. Então, em certo momento, o cenário mudou: as instituições começaram a parecer cada vez mais centrais na definição, orientação e transformação das agendas políticas. Há algum tempo, temos testemunhado uma verdadeira proliferação de instituições independentes dos ordenamentos nacionais e situadas em um horizonte sub, supra ou transnacional. Isso não significa que as normas nacionais desapareçam. Permanece o fato de que, em setores cada vez mais numerosos — do comércio à saúde, da tecnologia às comunicações —, elas são dilatadas ou ultrapassadas por convenções que transformam o direito em um mosaico móvel e em constante modificação. Desde que os Estados perderam a exclusividade da legislação em favor de outros sujeitos, novos atores constantemente têm acesso à criação de normas, dando origem a procedimentos jurídicos que transcendem a bipolaridade tradicional entre público e privado. Naturalmente, a economia foi a responsável por dar o primeiro impulso a essa dinâmica, desde que o direito mercantil se desvinculou totalmente das legislações nacionais, adaptando--as aos seus próprios objetivos.

Mas o direito também desempenha um papel cada vez mais relevante. Sociólogos e juristas como Alfred Teubner têm insistido no caráter instituinte de estruturas jurídicas agora independentes do direito público e disseminadas em diferentes setores da sociedade civil (13).[114] Sem superestimar seu papel, certamente a mudança de cenário dessa nova floração de instituições é evidente. É claro que elas não ocupam todo o campo. Assim, em espaços ainda não juridificados, surgiram organizações de outros tipos, não

[114] 13 Cfr. G. Teubner, *Istituzioni in frammenti. Il costituzionalismo sociale aldi là dello Stato-nazione*, in Aa.Vv., *Il diritto del comune. Crisi della sovranità, proprietà e nuovi poteri costituenti*, Verona, ombre corte, 2012, a cura di S. Chignola, pp. 15-33.

apenas externas aos Estados, mas às vezes também em competição aberta com eles, como as organizações não governamentais. Orientadas não para fins lucrativos, e sim geralmente humanitários, elas constituem um dos experimentos mais interessantes de uma prática instituinte inovadora. Apesar de formalmente serem organizações privadas, buscam objetivos públicos, submetendo as normas escritas a demandas, necessidades e questões que são irredutíveis à linguagem, por vezes rígida, dos organismos estatais. Colocadas no cruzamento entre direito, ética e política, as ONGs não respondem e, muitas vezes, desafiam as leis dos Estados, referindo-se mais a uma espécie de sociedade civil global, indefinível do ponto de vista legal, mas efetivamente atuante em situações de emergência como guerra, migração, fome, epidemias.

Naturalmente, na cena fragmentada, mas também desigual, da globalização, ao lado de instituições desse tipo, existem outras, também não governamentais, expressivas de interesses econômicos específicos, como o Fundo Monetário Internacional ou a Organização Mundial do Comércio, sem falar em grupos de pressão e corporações de natureza ainda mais opaca. Nesse quadro fragmentado e desigual — assim como a própria globalização que o produziu —, como navegar para orientar o movimento em curso sem ser dominado por ele?

Acredito, para concluir, que é necessário mover-se em duas direções, ambas relacionadas ao papel insubstituível da política. Primeiro, levando em consideração o fato de que, nessa proliferação institucional, diferentes instituições — públicas, privadas, mistas — não são equivalentes. Algumas favorecem interesses estabelecidos, fortalecendo sua condição privilegiada; outras facilitam grupos sociais desfavorecidos. Às vezes, agem no sentido aberto e acolhedor da *communitas*; outras, no sentido fechado e excludente da *immunitas*. É necessário não apenas distinguir entre elas, mas também tomar posição a favor de umas contra as outras, inserindo elementos explicitamente políticos em dispositivos aparentemente técnicos. Do ponto de vista teórico, o papel do conflito político deve ser valorizado. Como afirmam os teóricos dos sistemas complexos, a ordem — qualquer ordem — é sempre o resultado provisório das relações de força entre valores e interesses diferentes e concorrentes.

Isso significa que, em vez de tentar, em vão, interromper a dialética conflituosa, é mais vantajoso valorizá-la, canalizando-a em uma dimensão politicamente produtiva. Contrariamente à ideia de que o papel das instituições é neutralizar os conflitos em curso, deve-se reconhecer a relação constitutiva entre instituição e conflito, como defendido por Maquiavel ao explicar que o conflito social em Roma entre nobres e plebeus foi o motor do poder da República Romana. Longe de ser neutralizado, o conflito político está no cerne da prática instituinte, de uma forma que não permite antever um retorno ao antigo concerto dos Estados soberanos. Naturalmente, os Estados permanecem como a principal instituição política e durarão por muito tempo. O que se vislumbra, talvez, é uma nova ordem centrada em Estados de dimensões continentais, entre os quais é absolutamente necessário que a Europa — talvez a maior invenção institucional do século passado — desempenhe seu papel.

Minha impressão é que não se pode deter, a longo prazo, um processo de universalização tanto dos problemas — basta pensar na crise ambiental — quanto de suas possíveis soluções, como, por exemplo, o compromisso com a distribuição de vacinas também nos países mais pobres. Nunca antes se falou em imunizar toda a comunidade, aproximando duas dimensões — a da *communitas* e a da *immunitas* — até então conflitantes. Claro, passar das palavras para os fatos será tudo menos fácil. Como evitar que a própria produção e distribuição desigual de vacinas determine novas linhas de separação no espaço, tudo menos suave, do mundo por vir? Não é fácil, por muitos motivos, responder a isso. E, no entanto, o fato é que nunca antes na história da humanidade foi tão claro que o mundo ou é salvo como um todo ou é perdido em sua totalidade. Também desse lado, a função das instituições assumirá uma importância decisiva na sociedade por vir, contanto que saibam se dirigir afirmativamente à vida, restabelecendo aquela conexão entre instituições e movimentos que parecia interrompida. Retorna ao primeiro plano a necessidade de instituir a vida, no duplo sentido de vitalizar as instituições e devolver à vida aqueles traços instituintes que a levam além da mera matéria biológica.

Referências bibliográficas

ARENDT, H. *The Human Condition*. Chicago: The University of Chicago Press, 1958, (trad. it. *Vita activa*, Milano: Bompiani, 1964).

BERGER, P.L. *Pyramids of Sacrifice*. New York: Basis Books, 1974, (trad. it *Le piramidi del sacrificio. Etica politica e trasformazione sociale*. Torino: Einaudi, 1981).

ESPOSITO, R. *Istituzioni*. Bologna: Il Mulino, 2021.

GUÉRY, A. *Institution. Histoire d'une notion et de ses utilisations dans l'histoire avant les institutionnalismes*. In: "Cahiers d'économie politique", n. 1, 2003.

HAURIOU, M. *La théorie de l'institution et de la fondation*. In "Cahires de la nouvelle journée", n. 4, 1925, (trad. it. *La teoria dell'istituzione e della fondazione - Saggio di vitalismo sociale*. Macerata: Quodlibet, 2019. A cura di A. Salvatore).

LISCIANI-PETRINI, E. e ADINOLFI, M. (Orgs). *Discipline filosofiche*, n. 2, 2019.

MARCH, J. G. e OLSEN, J. P. *Redescovering Institutions. The Organizational Basis of Politics*. New York, The Free Press, 1989, (trad. it. *Riscoprire le istituzioni. Le basi organizzative della politica*. Bologna: Il Mulino, 1992).

MERLEAU-PONTY, M. "L' 'institution' dans l'histoire personelle et publique". In: *Résumé de cours (Collège de France), 1952-1960*. Paris: Gallimard, 1969.

GUÉRY, A. *Institution. Histoire d'une notion et de ses utilisations dans l'histoire avant les institutionnalismes*. In: "Cahiers d'économie politique", n. 1, 2003.

RECALCATI, M. *Il campo istituzionale tra Legge e desiderio: abbozzo per una teoria clinica dell'istituzione*. In "Almanacco di filosofia e politica", n. 2, 2020 (a cura di M. Di Pierro, F. Marchesi, E. Zaru).

______________. *Contro il sacrificio. Al di là del fantasma sacrificale*. Milano: Cortina, 2017.

ROMANO, S. *Lo Stato moderno e la sua crisi* (1909). Milano: Giuffré, 1967.

______________. *L'ordinamento giuridico* (1917-1918). Macerata: Quodlibet, 2019. A cura di M. Croce.

TEUBNER, G. *Istituzioni in frammenti. Il costituzionalismo sociale aldi là dello Stato-nazione. In Aa. Vv., Il diritto del comune. Crisi della sovranità, proprietà e nuovi poteri costituenti*. Verona: Ombre Corte, 2012. A cura di S. Chignola.

Ontologia crítica

Mariana Gainza

1. Um desafio à normalidade positivista

Quando, no século XVII, as noções de *ciência* e *filosofia* assumiam seus significados propriamente modernos, ambas compartilhavam um mesmo interesse pela expansão das fronteiras do conhecimento, o que favorecia a articulação de seus esforços. O que fornecia um quadro comum para a ousadia especulativa do racionalismo metafísico dos inícios da modernidade era uma confiança na unidade absoluta do ser, descrita por Merleau-Ponty como “uma maneira inocente de se pensar a partir do infinito” (Merleau-Ponty, 1964, p. 182). Tratava-se de uma vocação para explorar o “infinitamente infinito”,” essencialmente compatível com o espírito científico nascente da época. Pois aquela ciência, entusiasmada com as possibilidades de uma análise cada vez mais exaustiva da natureza, trabalhava com a suposição de que as forças racionais propriamente humanas não se opunham de forma alguma à ordem divina ou à perfeição ontológica da realidade.

Entretanto, já naquela época ia se conformando o irresistível movimento de especialização que acabaria por produzir o panorama que hoje conhecemos, marcado pela tendência à separação estrita entre prática científica positiva e reflexão filosófica.

Porém, aquela imbricação inicial entre ciência e filosofia ainda parece ressoar, como um anseio e um protesto, toda vez que um novo passo se dá na direção desse desencontro que a história foi confirmando. O pensamento crítico nos relembra periodicamente da necessidade de permitir a contaminação recíproca das disposições científicas e filosóficas, sob pena de continuarmos a reproduzir uma aquiescência tácita com dois percursos que aprofundam o empobrecimento comum: aquele de uma filosofia que se desliga do problema da verdade e aquele de uma ciência indiferente à autorreflexão sobre suas condições de produção e sobre a inocuidade de sua linguagem.

Neste artigo, vamos revisitar um ensaio de acercamento entre *ciência* e *filosofia* que se deu na década de 1960 — de forma paralela, mas distante, à do mencionado Merleau-Ponty, e, que teve como ponto de apoio uma peculiar releitura da ontologia de Spinoza. Refiro-me aos trabalhos de Louis Althusser e seu grupo, que deram lugar ao curso de filosofia para cientistas na *École Normale Supérieure* em Paris entre 1967 e 1968 (Althusser, 1975). Partindo daí, sugeriremos que a ontologia spinozana pode ser concebida como uma *ontologia crítica*, que toma a linguagem como o território fundamental para uma reconfiguração emancipatória do real.

Para tentar restabelecer, mais uma vez, os vínculos quebrados entre a produção de conhecimentos e a crítica filosófica, Althusser insistia no fato de que há uma relação historicamente verificável entre ciência e filosofia: as grandes revoluções filosóficas seguiram as grandes revoluções científicas como sua consequência, seu efeito, seu produto.

Dessa forma, é possível estabelecer uma conexão imanente entre, por exemplo, a matemática grega e a filosofia de Platão, entre a física de Galileu e a filosofia cartesiana, entre a física newtoniana e a filosofia kantiana ou entre a lógica matemática e a filosofia de Husserl. A enumeração desses grandes eventos, que abalaram o campo dos conhecimentos disponíveis em distintas épocas históricas, pretendia chamar a atenção para a necessidade de se pensar filosoficamente *outros cismas* de grande transcendência para a teoria crítica: aqueles produzidos pelo materialismo histórico e pela psicanálise. Tratava-se de um apelo para que a filosofia se colocasse à altura dessas descobertas — as de Marx e Freud — que marcaram um antes e um depois para os horizontes da vida humana. Num debate implícito com as filosofias mais sonantes da época, sugeria-se que nem o existencialismo, nem a fenomenologia, nem o estruturalismo haviam conseguido formular conceitos adequados para pensar em profundidade e prosseguir as linhas traçadas por essas duas obras singulares, de inigualável capacidade para abrir novos mundos.

A noção de ciência utilizada naquele contexto não era a usual: não se referia à "ciência normal" associada à prática cotidiana dos cientistas. Pelo contrário, tratava-se de algo que devia ser considerado tão *difícil quanto raro*: uma atividade que efetivamente produz algo novo, pois, ao descobrir um aspecto da realidade até então desconhecido ou pouco conhecido, *transforma* essa realidade (produzindo sua compreensão). Essa força de transformação, própria do conhecimento enquanto ele *é* conhecimento (e não enquanto ele é *aplicado* a uma realidade que resultaria então modificada por essa aplicação), é radical nos casos de grandes e peculiares "descobertas científicas" como foram o inconsciente (descoberto por Freud) e a luta de classes (descoberta por Marx). Uma grande descoberta constitui uma ruptura e um começo: ela estabelece uma separação das formas espontâneas, naturalizadas ou ideológicas de conhecer o mundo (um distanciamento possibilitado pela compreensão dos efeitos de desconhecimento que essas formas implicam) e abre um novo território de pesquisa — ou seja, de pensamento — que inaugura uma nova forma de existência e de temporalidade histórica, pela qual algo na relação dos homens com suas condições de existência é modificado.

Entretanto, contra a tendência de conceber essas "revoluções científicas" nos termos usuais de um progressismo racionalista, uma nuance foi enfatizada. Se, por um lado, é lícito dizer que as transformações provocadas por descobertas como as de Freud ou Marx têm algo de *irreversível*, por outro, a existência desses novos conhecimentos (que virtualmente interrompem determinadas formas de desconhecer uma realidade) *nada garante*: apenas abre novas possibilidades de agir e pensar, que podem ser continuadas ou bloqueadas. Assim, enquanto uma revolução teórica — como aquela associada aos novos conhecimentos sobre o inconsciente ou a luta de classes — abre a possibilidade de se afirmar "temos uma ideia verdadeira",[115] isso significa apenas que, a partir desse momento, existe um terreno onde se apoiar para continuar o trabalho crítico que produziu essa diferença real no mundo.

Mas, se a atividade crítica, que interroga a opacidade de uma experiência, não persistir, essa ideia verdadeira pode deixar de ser efetiva (isto é, de gerar novos efeitos). Como diz Balibar, tomando de empréstimo uma expressão hegeliana: "A verdade não é uma moeda cunhada, pronta para ser entregue e embolsada sem mais' (prefácio à *Fenomenologia do Espírito*). Se não trabalha, ela desaparece" (Balibar, 2004, p. 18).

Em relação a essa forma peculiar de se conceber a ciência, a pergunta relevante não seria, por exemplo, no caso da psicanálise, se ela deve ou não ser considerada uma disciplina científica.[116] Tratar-se-ia, pelo contrário, de questionar *o que é uma ciência a partir da existência da psicanálise*, ou seja, como a ideia de ciência resultou modificada, alterada, transfigurada quando algo tão importante como a descoberta do inconsciente por Freud ocorreu de

[115] Se trata de una afirmación de Spinoza, en el *Tratado de la reforma del entendimiento*, que Althusser recuerda insistentemente. En relación con el "corte epistemológico" (el concepto bachelariano con el que los althusserianos pensaban los efectos de las revoluciones científicas) la encontramos mencionada en los "Elementos de autocrítica" (1972): "No me he atenido a una oposición 'no dialéctica' de la ciencia y la ideología: porque mostré que esta oposición era recurrente, por lo tanto, histórica y dialéctica, porque únicamente si el científico ha 'descubierto' y 'adquirido' la 'verdad' puede entonces, y tan sólo entonces, volverse, desde esta posición conquistada, hacia la prehistoria de la ciencia y calificarla, en todo o en parte, de error, de 'tejido de errores' (Bachelard) (...) Las verdades parciales y las anticipaciones de su prehistoria se reconocen e identifican ahí entonces como tales a partir de la verdad finalmente descubierta y detentada. '*Habemus enim ideam veram* (Spinoza). En efecto, porque (*enim*) detentamos (*habemus*) una idea verdadera... podemos decir también '*verum index sui et falsi*', lo verdadero se indica por sí mismo e indica lo falso; y también, por consiguiente, que el reconocimiento del error (como las verdades parciales) es la recurrencia de lo verdadero" (Althusser, 2008, pp. 185-186).

[116] O debate entre Gregorio Klimovsky e Mario Bunge, por exemplo, se deu nesses termos. Cf. M. Bunge, *Pseudociencia e ideología,* Madri, Alianza, 1985; G. Klimovsky, *Epistemología y psicoanálisis*, Buenos Aires, Ediciones Biebel, 2004.

fato, rompendo com todos os cânones pelos quais os fenômenos psíquicos eram até então pensados. A filosofia da ciência constitui um território fundamental para se pensar sobre as implicações permanentes desse tipo de transformação, como bem diz Balibar: "Que tipo de filosofia da ciência é capaz de discutir, reconhecer e experimentar um modo revolucionário de conhecimento científico relativo à sociedade, à prática e ao comportamento humano?" (Balibar, 2004, p. 9).

A importância desse tipo de pergunta não se associa a algum imperialismo especulativo ou à pretensão de que uma elaboração puramente filosófica tome o lugar da produção do conhecimento científico. Pelo contrário, trata-se de entender que a produção desse conhecimento tem como condição interna uma elaboração filosófica, ou seja, uma reflexão, um exercício de distinções, de demarcações, que constitui uma *orientação* em sentido amplo: um *posicionamento* imanente à própria atividade, que pode ser *lido* em suas implicações, interpretado e questionado. Para colocar essa relação de um modo esquemático, diríamos: todo trabalho científico pressupõe que *algo seja feito* (no sentido de um fazer ou uma produção relevante, e não de uma atividade genérica) e, adicionalmente, que *algo seja dito* sobre isso que se faz, já que a ciência sempre tem uma *consciência* sobre o seu fazer. Portanto, a existência desse metadiscurso científico indica que, de uma forma ou de outra, o que está sendo feito está sendo *pensado*. Porém, a questão que aqui se interpõe relaciona-se com o caráter propriamente crítico da reflexão filosófica sobre a ciência:

O que se está fazendo está sendo *realmente* pensado? Há, de fato, uma *atividade* de pensamento envolvida? Ou, ao invés disso, trata-se de um pensamento passivo, uma *passividade* do pensamento? É assim que a filosofia se envolve na atividade científica, ou ela já está sempre envolvida nela?

Se o pensamento se deixa dominar pela inércia (pela repetição ou reprodução), ele pensa inadequadamente, e o pensamento inadequado tem consequências práticas.

Com base nisso, pode-se dizer que existem, em termos gerais, dois tipos de filosofias ou duas disposições do pensamento — que, naquele contexto, foram chamadas de "idealistas" e "materialistas" mas que poderiam receber tantos outros nomes.

Por um lado, há aquelas que se orientam principalmente no sentido de estabilizar, fixar e garantir: garantir que o que fazemos está bem feito, que o que fazemos corresponde ao que somos (nesse caso, "cientistas"), que o que a ciência confronta é um objeto perfeitamente reconhecível, idêntico a si mesmo. Por outro lado, há aquelas que desestabilizam, mobilizam e questionam, permitindo-nos manter uma certa distância crítica em relação ao que *fazemos*, ao que *somos* e à relação (sempre com uma componente imaginária) que mantemos com o *objeto* de conhecimento — uma distância que nos permite perguntar, então, se esse objeto é tal qual o vemos ou o pensamos.

A partir disso, podemos afirmar que *o positivismo* é a filosofia idealista que está em sintonia imediata com a prática científica, pois lhe permite estabelecer claramente quem é o sujeito dessa prática, com seus atributos ou propriedades (expertise, espírito analítico, neutralidade valorativa, etc.), bem como delimitar o objeto da pesquisa e estabelecer as normas que regem a atividade: as regras do método. Para, dessa maneira, produzir a distinção entre o conhecimento científico e o conhecimento não científico, localizado num "aquém" da ciência: a opinião, a sensibilidade, a imaginação. E eventualmente assinalar para um "além" da ciência: a filosofia ou a metafísica.

A filosofia crítica que não aceita essa transcendência frente à produção de conhecimentos é aquela que busca devolver à ciência sua capacidade de pensar — e "pensar", nesse caso, significa também revisar a filosofia implícita que acompanha essa ciência, como se emanasse diretamente da atividade que desenvolve.

Pensar, portanto, contra o automatismo reprodutivo que a leva a sustentar uma relação com a prática que se limita a refletir os imperativos que dela surgem e que, por sua vez, respondem aos imperativos sociais. O pensamento que emerge *imediatamente* da prática científica como *seu* pensamento é, nesse sentido, imaginário ou ideológico: ele expressa o modo como essa atividade é vivida, em conexão e em tensão com as demais atividades de uma sociedade; ele não é, então, a *intelecção ativa* dessa atividade, ou seja, o desdobramento de um pensamento que pensa, precisamente, aquele outro pensamento que responde, em parte, a certos imperativos sociais, políticos, históricos e ideológicos. O pensamento crítico produzido por uma perspectiva filosófica imanente a uma determinada prática científica é aquele capaz de repensar, discutir, reformular e fazer perguntas não estipuladas a outro pensamento que aparece como seu objeto: aquele que está diretamente imbricado com essa atividade, porque dela surge espontaneamente. O objeto do pensamento crítico, portanto, não é a "realidade", mas o pensamento que "responde diretamente" a uma determinada atividade, ou seja, que assume um conjunto de compromissos implícitos a ela. Esse "pensamento espontâneo" cumpre efetivamente um papel prático: simplificar, facilitar, fazer fluir algo que *deve funcionar*.

Em virtude disso, entende-se que colaborar na reprodução do que atualmente funciona é um claro interesse da ideologia positivista.

Enquanto a atitude positivista supõe, como requisito para manter a fluidez da atividade científica cotidiana, uma certa articulação entre um conhecimento e um desconhecimento — o *desconhecimento da ciência* em relação *à ideologia da qual ela surge e que ela reproduz* —, a resposta crítica do althusserianismo spinozano a essa posição dominante no campo científico dirá que a ciência que ignora a ideologia que a sustenta não é uma ciência, mas uma ideologia. Uma verdadeira ciência, pelo contrário, seria mais adequada e, paradoxalmente, definida como uma "ciência da ideologia". Assim, a ciência que não expulsa a reflexão filosófica de seu horizonte é aquela capaz de perceber que *toda ciência é ciência da ideologia da qual surge*, ou seja, é aquela que compreende seu próprio surgimento e seus contextos de operação em suas necessárias articulações ideológicas ou imaginárias. A ciência que pode *pensar sobre as* condições de sua própria atividade pode, então, levar em conta as ideologias que a constituem e se esforçar para manter uma distância em relação a elas. Esse esforço a torna, então, enquanto ciência que *pensa*, uma ciência *crítica*: uma ciência capaz de reconhecer a necessidade histórica, social e política de certas formas dominantes e estereotipadas de conceber o mundo; uma ciência capaz de conhecer os mecanismos que produzem desconhecimentos e ilusões específicas e de saber que também é presa desses mecanismos, pois somente na medida em que se reconhece a força deles é possível lutar contra eles.

2. Uma ontologia crítica

Ora bem, se retomamos o que sugeríamos no início — isto é, que havia algo no pensamento filosófico do início da modernidade que não aceitava a compartimentalização do mundo, posteriormente consagrada na ciência triunfante —, podemos entender por que a referência reivindicada por Althusser para conceber as relações entre ciência e ideologia tenha sido a filosofia daquele singular pensador do século XVII, Spinoza. De modo diferente do comentário melancólico de Merleau-Ponty sobre a inocência, irremediavelmente perdida, do racionalismo do século XVII, o grupo althusseriano leu Spinoza buscando sua atualização contemporânea. Nesse sentido, Spinoza não deveria ser incluído na confluência abrangente sugerida por Merleau-Ponty, que unifica *todo* o pensamento do século XVII sob um pressuposto ontológico comum, o "infinito positivo".

"Pois, se aceitarmos a coincidência de filósofos tão diferentes como Spinoza, Pascal, Leibniz, Bacon, Descartes e Locke em um solo conceitual único, daí resulta um "infinito positivo" associado a ideias de convergência, unidade, ordem, harmonia, acordo ou mediação, em que "Deus" funcionaria como a *garantia* última da coerência e da perfeita articulação de todos os componentes do universo. A intenção de Merleau-Ponty ao produzir essa homologação era contrastar esse modo ambicioso de pensar a totalidade do "grande racionalismo" com a objetividade sem aura do "pequeno racionalismo" do século XX.

No entanto, esse objetivo traz a consequência adicional de apresentar o pensamento do século XVII, em bloco, como o *antecedente* e a *base* do positivismo moderno e contemporâneo: a "pequenez" do novo racionalismo surgiria do fato de proceder circunscrevendo espaços dentro daquela infinitude positiva, que permanece, no entanto, como a fonte histórica de suas pretensões de sistematicidade.

Por outro lado, a leitura da ontologia spinozana que estamos considerando insiste na descontinuidade que faz de Spinoza um espécime raro, desenvolvendo sua vida filosófica em insubordinação à lógica clássica que associa o infinito à busca de uma determinação completa do ser, regida pelo imperativo da harmonia. De acordo com essa perspectiva, portanto, poderíamos afirmar — parafraseando Merleau-Ponty — que o segredo do spinozismo consiste em fornecer as bases teóricas para um movimento de despositivização do infinito positivo. Ou seja, o segredo de seu modo singular de ser racionalista passa por compreender que o infinito real só pode ser *concebido* sob a condição de ser despositivado, isto é, sob a condição de deixarmos de *imaginá-lo*, inocentemente, como algo positivo. Daí a desconstrução da totalidade ou da ideia de Deus com que começa a *Ética* de Spinoza, o que faz de sua ontologia uma teoria crítica bastante peculiar.

A perspectiva spinoziana foi mais de uma vez identificada com a filosofia enquanto tal.[117]

Acredito que essa associação tem a ver com a importância estratégica do trabalho de *distinção* na filosofia de Spinoza.

Se foi possível dizer que o spinozismo representaria o que há de igualmente filosófico em todas as filosofias — isto é, o trabalho efetivo do pensamento em seu esforço de apropriação cognitiva do real —, isso se deve ao fato de que sua própria ontologia realiza essa disposição, identificando-se com a atividade de distinguir, ou seja, com a prática teórica da distinção.

[117] Lembremos, mais uma vez, as célebres palavras de Hegel: "Spinoza é tão fundamental para a filosofia moderna que se pode dizer: quem não é spinozista não tem filosofia alguma" (G.W.F. Hegel, *Lecciones sobre la historia de la filosofía*, III. W. Roces, México, 1995, p. 305); ou as de Bergson: "Todo filósofo tem duas filosofias: a sua própria e a de Spinoza" (carta de Bergson, lida por Paul Valéry, na comemoração do 250° aniversário da morte de Spinoza na Sorbonne, citada por Vidal Peña, *El materialismo de Spinoza*, Biblioteca de Filosofia n° 5, Madri, Revista de Occidente, 1974, disponível em: http://www.filosofia.org/aut/001/1974vp.htm).

Esse aspecto foi destacado não apenas por Althusser, mas também por Deleuze, como uma característica essencial da *ciência spinoziana*.). A ordem complexa ordem de sua ontologia, elaborada como uma conexão de distinções, é, assim, o resultado de um esforço para compreender as diferenças *reais* que compõem a diversidade do mundo, o que exige a desconstrução das demarcações imaginárias que organizam a experiência comum. A potência específica dessa atividade de separação realizada pelo pensamento encontra seu fundamento em uma posição que não busca fugir dessa experiência comum imaginariamente organizada, mas interrogá-la; e, no processo desse questionamento, conceber uma *lógica do real* que, enquanto causalidade imanente que afirma a necessidade da determinação, permite uma investigação ética sobre as condições materiais — afetivas e sociais, subjetivas e objetivas — da liberdade como uma alternativa difícil e rara, mas real para as sociedades humanas. Trata-se, portanto, de uma *Ética* que, sendo "geometricamente demonstrada", envolve desde sua própria concepção a articulação entre filosofia e ciência a que nos referimos.

Nesse contexto, a *distinção* spinozana não é apenas a chave para entender a diferenciação ontológica dos seres e a constituição diferenciada das ideias, mas também desempenha um papel fundamental no desenvolvimento da crítica filosófica. Se, para Spinoza, uma mente individual pode se identificar com sua própria potência interna para ordenar imagens e ideias — de tal forma que essa conexão coincida com a ordem da determinação real das coisas — quando consegue distinguir-se, tomar uma distância daquilo que a determina externamente a pensar certas coisas e não outras, um pensamento crítico —— e essa é a ênfase althusseriana — também se constitui distinguindo-se. Para entender a noção de *ciência* dos althusserianos, então, é preciso levar em conta essa dinâmica spinoziana da produção de ideias adequadas. A ciência (enquanto crítica da ideologia) se produz como um movimento de diferenciação: frente a uma tradição e ao conjunto de interlocuções em referência às quais se forma, frente ao pensamento sintonizado com as formas dominantes de produção de ideias, frente aos adversários teóricos. De acordo com essa noção de ciência, uma profunda inovação teórica pode ser sustentada por uma simples *atividade de distinção*, que transfigura o campo de identificações com o qual se constituem tanto o senso comum quanto os pensamentos oficiais ou consagrados.

Digamos o mesmo, valendo-nos de um famoso exemplo spinozano — e do uso que dele faz Althusser em sua argumentação sobre o problema da ciência.

Lemos na *Ética*:

> Quando contemplamos o sol, imaginamos que está a uma distância aproximada de duzentos pés, no que nos enganamos, enquanto não soubermos qual é a distância verdadeira. Conhecida a distância, suprime-se, é verdade, o erro, mas não a imaginação, isto é, a ideia do sol, a qual explica sua natureza apenas à medida que o corpo é por ele afetado. E, assim, embora saibamos a verdadeira distância, continuaremos, entretanto, a imaginar que ele está perto de nós (*Ética*, IV, P I, scholium).

Com base nisso, Althusser escreve, então, em uma carta a Paul Ricoeur:

> Há um mal-entendido sobre a função efetiva do conhecimento científico. Vejo o início desse mal-entendido em uma atitude contemplativa, que 'espera' da ciência uma espécie de reprodução, de reanimação, de representação, ou melhor, de re-apresentação do próprio real em sua imediaticidade (...) Não se pode deixar de pensar naqueles cartesianos que ficavam terrivelmente confusos com aquele presente que os astrônomos lhes forneciam: um *segundo sol*. Como conciliar o sol do camponês com o sol do astrônomo? *Havia um sol a mais*. O da ciência. E manifestamente incapaz de expulsar a imagem do outro, de "fazê-lo aparecer" de outra forma que não fosse "a duzentos pés". Que problema! Não havia Deus suficiente para tirá-los desse aperto. Em realidade, só havia um sol a mais para os nostálgicos da percepção, para aqueles que tinham medo, acreditando no outro, de perder seu sol a duzentos pés, e que esperavam do astrônomo que recriasse

> para eles o próprio sol; para aqueles que não viam, por dizer assim, que o segundo sol não substituía nem suprimia o primeiro, mas que, por mais distante que estivesse, em outro plano permitia a inteligência do sol imediato e a ação sobre seus efeitos. (Althusser, 2008, pp. 31-32)

Então, graças ao fato de que Spinoza *se diferencia* de seus próprios interlocutores e de uma tradição na qual se formou — a dos cartesianos "terrivelmente confusos" por não conseguirem conciliar os sentidos comuns que sustentam suas posições filosóficas com certas descobertas científicas —, ele pode nos dizer que somos capazes de saber que, embora o vejamos a duzentos pés, o sol não está lá; sabendo, ao mesmo tempo, que, se o vemos, isso ocorre devido a uma associação necessária entre certas propriedades do sol e nossa própria constituição corporal. E, dado que, no contexto de uma ética, essas questões são úteis para refletir sobre a falsa ideia que os homens fazem de sua liberdade,[118] também se compreende por que o exemplo spinozano é utilizado por Althusser para pensar "cientificamente" sobre a *história*, contra o empirismo dominante entre os historiadores:

> Assim como o conhecimento das leis da luz nunca impediu que os homens continuassem vendo o sol a duzentos pés, nem substituiu nem ameaçou seu simples olhar, tampouco o conhecimento das leis de desenvolvimento das sociedades

[118] Vemos isso claramente se nos referirmos à primeira aparição do exemplo do sol na *Ética*: "Os homens se enganam ao acreditar que são livres, uma opinião que se deve apenas ao fato de que são conscientes de suas ações e ignorantes das causas que as determinam. E, portanto, sua ideia de 'liberdade' se reduz à ignorância das causas de suas ações, pois tudo o que dizem que as ações humanas dependem da vontade são palavras, sem qualquer ideia que lhes corresponda. De fato, todos ignoram o que é a vontade e como ela move o corpo, e aqueles que se vangloriam do contrário e inventam residências e moradas da alma muitas vezes provocam riso ou repulsa. Assim também, quando olhamos para o sol, imaginamos que ele está a cerca de duzentos pés de distância de nós, um erro que não consiste nessa imaginação em si, mas no fato de que, enquanto o imaginamos assim, ignoramos sua verdadeira distância e a causa dessa imaginação. Pois mesmo que mais tarde saibamos que ele está a mais de 600 diâmetros terrestres de nós, não deixamos de imaginar que ele está próximo; de fato, não imaginamos que o Sol está tão próximo porque ignoramos sua verdadeira distância, mas porque a essência do Sol, na medida em que afeta nosso corpo, está implícita em uma afeição desse nosso corpo" (*Ética*, II, P 35, scholium).

> impede que os homens vivam, nem substitui o trabalho, o amor e a luta. Pelo contrário: o conhecimento das leis da luz produziu os óculos, que transformaram o olhar dos homens, assim como o conhecimento das leis do desenvolvimento das sociedades produziu empresas, que transformaram e ampliaram o horizonte da existência humana. (Althusser, 2008, p. 33)

3. Problemas de linguagem

O empirismo é uma das posições adversárias que essa noção de ciência, voltada para a *inteligência ativa* das coisas no mundo, pretende confrontar. O positivismo científico se apresenta como empirismo quando a ciência se concentra naquilo que lhe aparece como *dado*, como *fatos* — um objeto que, supostamente, contém em si a "verdade" —, e se comporta diante dessa realidade como se o conhecimento científico não fosse nada além do registro, da leitura, da contabilidade (quase notarial) do conteúdo desse objeto:

> Olhar bem, observar bem, ver bem, ler bem, averiguar bem, registrar bem, contabilizar bem, nas palavras apropriadas: eis todo o conhecimento científico. Tudo o que a ciência pode fazer é respeitar as regras dessa passividade e registrar os resultados de sua leitura numa boa contabilidade. No limite, o empirista diz: "A ciência é uma linguagem bem feita". Linguagem bem feita, para escrever livros contábeis precisos e exaustivos (Althusser, 1967).

É compreensível, então, que, para essa forma de entender a ciência, as regras do método sejam o principal, já que o que se busca, basicamente, é garantir que a técnica abstrativa — uma série estipulada de procedimentos — necessária para destilar a verdade que residiria nas coisas seja bem aplicada. Em virtude dessa função reveladora que se lhe atribui, o método tende a tomar o lugar da teoria, que acaba ausente. E, por esse conjunto de deslocamentos — a atribuição da verdade ao objeto, a redução da teoria a uma metodologia, a identificação desse método com uma técnica ou procedimento —, o que se perde é justamente *o pensamento*, que se converte na crônica de uma sequência de constatações rotineiras.

Dito de outra forma: perde-se o sujeito, perde-se a perspectiva crítica, perde-se a possibilidade de dar lugar a um olhar renovado sobre o mundo.

Habitualmente, opõe-se a essa atitude da ciência outra que se pretende contrária a ela, e que reivindica, frente ao absolutismo objetivista, o lado "subjetivista" — que, no entanto, compartilha a mesma compreensão da ciência, apenas desde seu outro polo.

O *formalismo*, dominante em boa parte das disciplinas científicas, reifica o *signo*, que passa a substituir o objeto. Nesse caso, o método deixa de ser uma técnica de leitura e abstração, tornando-se uma técnica de escrita algorítmica, de formalização, de programação e cálculo — na qual, ainda hoje, poderíamos reconhecer o horizonte utópico da *characteristica universalis* de Leibniz:

> Aqui, mais uma vez, o trabalho da ciência é reduzido ao estabelecimento de uma "língua bem feita", não no sentido de uma contabilidade ou inscrição do dado num vocabulário existente numa língua natural, mas no sentido da escrita, do desenho de algoritmos, permitindo a seguir que o cálculo opere somente neles. (...) A ciência coleta os resultados do cálculo automático. Ela programa uma máquina e coleta os resultados de seus cálculos (...) Toda a ciência moderna de vanguarda é atualmente dominada por essa tendência formalista. (Althusser, 1967)

Ora bem, o que está por trás dessa ideia de uma "língua bem feita" é o imperativo de uma correspondência harmoniosa entre o pensamento e a realidade, mediada pela linguagem neutra da ciência ou da metafísica.

É possível reconhecer, nessa noção prática fundamental, ecos do projeto racionalista do século XVII, que visava a uma compreensão infinita e acabada do universo.

Entretanto, sugerimos que Spinoza — em discordância com — alguns de seus célebres contemporâneos, como Descartes e Leibniz — pode ser considerado um pensador da "despositivização" do ser, com consequências relevantes para a forma de conceber a ciência. O que desejo enfatizar agora é que a atividade de distinção, na qual consiste a filosofia crítica spinozana, se dá por meio de um trabalho minucioso e consciente que tem na linguagem seu elemento essencial.

Para que a noção de "Deus" (assim como os demais termos mobilizados na redação da *Ética*) seja associada a um sentido completamente distinto do tradicional — pois a desconstrução da totalidade, tal como Spinoza a leva adiante, exige essa dissociação —, é necessário que essa ruptura de significados seja incorporada ao próprio conceito. Assim, ele se constitui como um conceito complexo e crítico, transformando-se a partir de dentro.

A filosofia de Spinoza não pode ser pensada nem como um sistema totalizante, nem como a afirmação da identidade pura entre pensamento e ser — que, ao fixar um sentido imutável para as coisas, protegeria os crentes na razão das incertezas, contingências e riscos da vida. A filosofia spinoziana é, por outro lado, uma máquina que transforma a experiência por meio de um trabalho muito peculiar realizado sobre a linguagem.

Dessa forma, constrói-se como uma ontologia crítica. A argumentação geométrica incomum, que surpreende os leitores da Ética, não se estrutura, portanto, com base em tautologias que projetam em Deus os atributos que uma autoconsciência humana registra.

"Deus" não é igual a Deus. Ou seja, "Deus" não é o que tradicionalmente se entende por Deus. "Deus" não é a construção antropomórfica de um monarca supremo que governa os destinos do universo; não é algo meramente espiritual, nem uma ideia pura, nem uma noção moral reguladora da conduta humana. "Deus" é idêntico à Natureza, ou seja, é o nome da causalidade natural que explica a existência necessária e diversificada das coisas que são — incluindo, entre essas coisas naturais, o homem e seus poderes propriamente humanos.

Assim, ocorre um deslocamento fundamental no interior da identidade, por meio de uma crítica sutil às noções tradicionais e aos usos convencionais das palavras. Isso se dá pela elaboração de novos sentidos para termos que permanecem idênticos em sua forma (Deus, substância, atributo, modo), mas que passam a operar de maneira radicalmente distinta.

Se o nominalismo spinozista funciona como um instrumento crítico de dissolução ou relativização dos conceitos universais e dos sentidos comuns, seu trabalho de definição leva adiante uma reconstrução conceitual, feita por meio de desvios sutis e cumulativos. Trata-se de uma prática crítica baseada em um trabalho consciente realizado no interior da linguagem — não para aí permanecer, aprisionado pelo fascínio dos movimentos do significante, mas para buscar os conceitos necessários para falar das coisas que importam. Como Spinoza afirma claramente ao definir as paixões e os afetos humanos:

> Sei que esses nomes significam outra coisa no uso comum. Mas meu objetivo não é explicar o significado das palavras, e sim a natureza das coisas, designando-as com aquelas palavras cujo significado, de acordo com o uso, não difere inteiramente do significado que desejo atribuir a elas. (*Ética*, III, Definição dos afetos, XX, explicação).

Para que a crítica seja eficaz, é necessário, portanto, trabalhar sobre o que é dado. Não se trata de inventar um novo vocabulário do nada, nem de alterar completamente os significados das palavras. Há, antes, uma negociação entre o sentido habitual e o novo sentido atribuído a um termo em outro contexto de enunciação.

Essa capacidade de evocar o sentido tradicional e redirecioná-lo é o que permite despertar a escuta do leitor, que pode então reconhecer noções familiares dentro de um discurso que o interpela.

A partir daí, a interlocução deve continuar, impulsionada pelo convite a um jogo conceitual proposto pelo filósofo-escritor.

4. Spinoza e a subversão conceitual

Spinoza faz distinções e identificações que podem não apenas provocar discordância, mas também indignação.

Ele separa o que geralmente se pensa estar unido e unifica o que geralmente se distingue. Se "Deus" é a Natureza, essa identificação implica a consideração teologicamente inaceitável de que a extensão é um dos infinitos atributos divinos. Se "Deus" é o nome da necessidade natural das coisas, então nem o entendimento nem a vontade pertencem à essência divina. Se tudo age segundo causas certas e determinadas, e essas determinações são inteligíveis, então a vontade não pode ser livre.

Se a determinação universal é a expressão da necessidade da natureza, essa necessidade é a única que pode ser dita absolutamente livre.

Colocar a liberdade no domínio da necessidade natural das coisas e expropriá-la da humanidade — que se crê livre por definição — é mais uma operação conjunta de identificação e distinção que será espontaneamente rejeitada por quase todos.

O homem não é igual ao homem

O pensamento spinozano opera uma desidentificação geral — um gesto que lembra, em certa medida, a disposição geométrica e lúdica de algumas críticas estruturalistas ao existencialismo.

Se "Deus não é igual a Deus" porque Ele é idêntico à Natureza, então é necessário ir além e afirmar que "a Natureza" tampouco é igual à natureza".

Ou seja," a "Natureza" não é aquilo que habitualmente se entende por natureza.

O homem, por sua vez, não é igual ao homem.

Ele não é aquilo que a teologia, as filosofias tradicionais e as antropologias que delas derivam fazem dele.

Ele não é uma substância, nem uma mônada, nem um império dentro de um império. A essência do homem não é a razão; é o desejo. Mas o desejo não é desejo — ou seja, não é o que se afirma como tal.

A "essência do desejo" não é puramente afirmativa, mas nos confronta com nossa potência e nossa impotência.

Como escreve Spinoza:

> O desejo são os esforços, os impulsos, os apetites e as volições que variam de acordo com a constituição variável de cada indivíduo, e não é raro que se oponham uns aos outros de tal modo que o homem é puxado em diferentes direções e não sabe para onde se virar.

O desejo não nos define; ele nos indefine. E essa indefinição liberta o homem de ser o homem que ele deve ser. O homem não é igual ao homem; ele é igual à mulher. Ou, melhor ainda: ele é tudo o que é humano e que não se reduz nem ao homem nem à mulher. O homem é o excesso humano e tudo o que resta de humano no mundo.

Como bem compreendeu Pierre Bayle, filósofo francês do século XVII, Spinoza "atribui às palavras um significado totalmente novo, sem avisar seus leitores", de modo que os termos-chave de sua filosofia, "em vez de terem o significado que *deveriam* ter", são usados em um sentido "desconhecido para os filósofos" (Bayle, 1983, p. 26). Essa atividade de corrosão de certas noções filosoficamente hegemônicas ocorre, na ontologia spinozana, por meio do trabalho de definição, que opera desvios sutis e cumulativos nos termos tradicionais.

Trata-se de um uso desviante dos nomes consagrados, do qual Spinoza — deve-se enfatizar — está plenamente consciente, como ele mesmo reconhece em um comentário passageiro na *Ética*:

> Sei que esses nomes significam outra coisa no uso comum. Mas meu objetivo não é explicar o significado das palavras, e sim a natureza das coisas, designando-as com aquelas palavras cujo significado, de acordo com o uso, não difere inteiramente do significado que desejo atribuir a elas. (*Ética*, III, Definição dos afetos, XX, explicação).

A capacidade de inscrever, no próprio interior das palavras, essa distância — a diferença entre seu significado ordinário e o novo significado que se deseja atribuir a elas — constitui um modo sensível e estratégico de lidar com a matéria indômita da linguagem, possível apenas a um pensamento que busca, de fato, compreender as coisas reais.

5. A relação entre palavras e imaginação

Ao mesmo tempo, essa tentativa de explicar a natureza das coisas não pode ignorar as dificuldades inerentes a esse trabalho com palavras.

Spinoza argumenta que as palavras fazem parte da imaginação e são inseparáveis das disposições variáveis do corpo e das conexões que a memória estabelece para organizar uma experiência que, de outra forma, seria fragmentária e caótica.[119]

Trata-se, então, de romper a estrutura associativa que institui uma linguagem espontaneamente organizada de acordo com finalidades práticas e de abrir caminho, com palavras e contra as palavras (com imagens e contra as imagens), para a *atividade* do pensamento, que elabora essa experiência imaginária sempre atravessada pela linguagem.

Ora, quando o pensamento tenta compreender realidades que não são imagináveis, ele deve ser cauteloso em relação a essa ligação original com as palavras, que, assim como a imaginação, pode ser a causa de inúmeros erros.

Aqui chegamos a um ponto crucial, que mantém com a crítica ao positivismo — tema central deste texto — uma relação tão próxima quanto a que conecta, precisamente, o problema do pensamento com o problema da linguagem.

[119] "Uma vez que as palavras fazem parte da imaginação, ou seja, uma vez que formamos muitos conceitos de acordo com a ordem vaga em que as palavras são associadas na memória a partir de uma certa disposição do corpo, não há dúvida de que as palavras, como a imaginação, também podem ser a causa de muitos e grandes erros, se não os evitarmos cuidadosamente" (Spinoza, 1988, p. 113).

6. Spinoza e a distinção entre palavras e coisas

Ao se referir à necessária distinção entre as palavras e as coisas, Spinoza alude ao *positivo* e ao *negativo* de um modo que, creio eu, lança nova luz sobre a impropriedade de atribuir a ele uma concepção de infinito semelhante à de seus contemporâneos. O melhor exemplo que Spinoza encontra para nos alertar sobre os problemas da linguagem está justamente na confusão entre a natureza do infinito e a do finito.

Essa confusão decorre da tendência generalizada de conceber o infinito a partir da perspectiva do finito, que, ao projetar sua própria limitação, tenta ir além de seu horizonte imediato de conhecimento.

Assim, por um lado, a experiência imediata possibilita o surgimento de certas ideias que, por estarem associadas a imagens — produzidas por *fricções* reais, resultantes de uma causalidade física operante —, são "positivas" (ideias que, como diz Spinoza, foram primeiramente apresentadas aos homens e monopolizaram os termos afirmativos).[120]

Por outro lado, aquilo que não pode ser imaginado, mas apenas concebido racionalmente, foi frequentemente concebido como o oposto dessa positividade original e, por isso, expresso com nomes negativos. A experiência do que é *corpóreo*, *finito*, *criado*, *dependente ou mortal* serve, então, como base — paradoxal e insuficiente — para a construção das noções de *incorpóreo*, *infinito*, *incriado*, *independente ou imortal*.

Essa base é paradoxal porque só sustenta o significado pretendido na medida em que é negada. Ou seja, nossa reconstrução espontânea da noção de *independência* ou *infinitude* se baseia na ideia que temos daquilo que *não é* dependente ou daquilo que *não é* finito, tal como o experimentamos.

Ela é insuficiente porque, para revelar que uma coisa *é infinita* e caracterizar essa propriedade, não basta dizer que essa coisa *não é finita*. Tampouco é suficiente acrescentar determinações

[120] Cf. *Treatise on the Reformation of the Understanding*, §89 (Spinoza, 1988, p. 113).

negativas, dizendo que o infinito é ilimitado, incomensurável, imenso, incriado, interminável ou imperecível — pois, assim, apenas se afirmaria que o infinito é impensável.

Portanto, positivo e negativo referem-se, em grande parte, a uma certa arbitrariedade associada ao uso das palavras. Mas há uma boa razão para prestar atenção especial ao que é nomeado por termos negativos, em vez de ao que é referido por termos positivos.

Se, como diz Spinoza, os termos afirmativos foram originalmente associados à experiência imediata e, portanto, à imaginação, aquelas outras coisas que não podem ser imaginadas, mas apenas concebidas pelo intelecto (como o infinito), muitas vezes receberam nomes negativos.

Vale a pena enfatizar: esses termos podem ser valorizados como indicadores de algo difícil de ser pensado pelo pensamento imediato e, portanto, como um *sinal* que nos orienta para a necessidade de um esforço conceitual adicional.

Entretanto, esse esforço não deve se limitar a seguir acriticamente o caminho que as palavras nos sugerem. Um nome — como "*infinito*" — aponta para algo que exige ser pensado, mas não o expressa. Ou seja, a realidade ideal que a palavra projeta, em virtude de uma lógica interna à linguagem, não corresponde à realidade de referência.

Assim, embora "in-finito" nos sugira o oposto de "finito", essa sedução pelo sentido imediato deve ser evitada (*contra a* palavra) para que a ideia complexa que a realidade exige possa ser construída (com outras palavras).

7. O sujeito do conhecimento e a posição ética da ciência

Essa *objetividade* — as modulações finitas dessa existência necessária — exige, então, um *sujeito* capaz de dar causa ao trabalho de distinção. Esse sujeito coincide com uma posição ética da ciência, que não requer a postulação de um "*além*" que a imunize contra a sensibilidade e a imaginação, nem um "*além*" que a separe da filosofia. Se caracterizarmos essa posição com Spinoza, podemos entendê-la como a expressão determinada de um poder de pensamento, que não pode deixar de ser expressivo das determinações (externas) que o constituem. Mas que, por sua vez, é capaz de sustentar aquele tipo específico de relação com a verdade que define o conhecimento, na medida em que é capaz de se voltar reflexivamente sobre essa determinação: não apenas refletindo-a, mas também formando a si mesmo como sua ideia, ou seja, como o poder de concebê-la. Isso implica, em uma reviravolta simultânea, que o próprio pensamento concebe a si mesmo (ou seja, constitui-se como uma *ideia de uma ideia* verdadeira): ao mesmo tempo como um produto dessa determinação e como capaz de produzir um conhecimento de sua própria situação, que é a base crítica da produção de qualquer verdade: conhecer a nós mesmos como o conhecimento do que nos determina. Uma perspectiva expressiva pode ser verdadeira, dessa forma, se for capaz de se afirmar como *sensibilidade* (que para Spinoza, basicamente, consiste na escuta adequada das orientações que a corporeidade oferece — já que "as mentes erram ou erram, não os corpos")[121] e como *crítica* (capaz de negar ativamente, por meio do pensamento, o que favorece as condições que agem em favor da impotência), e de implantar os efeitos de conhecimento que decorrem dessa posição. *Pode ser* verdadeira, dizemos, pois uma perspectiva expressiva das determinações que a constituem também pode ser *falsa* (representando um conhecimento confuso ou mutilado), se for meramente reprodutora de condicionamentos externos, que ela se limita a exprimir, sem sobre eles refletir.

Referências bibliográficas:

Althusser, L. (1975). *Curso de filosofia para científicos*. Barcelona: Laia.

ALTHUSSER, L. *On the side of philosophy (quinto curso de filosofia para cientistas)*, 1967. Disponível em: https://fdocuments.ec/

[121] *Ética* II, P 35.

document/curso-de-filosofia-para-cientificos-louis-althusser.html

______ "Elementos de autocrítica". Em *La soledad de Maquiavelo*. Madri: Akal, 2008.

______ Althusser, L. "On the Objectivity of History. Carta a Paul Ricoeur". Em *La soledad de Maquiavelo*. Madri: Akal, 2008.

BALIBAR, E. "O conceito de 'corte epistemológico' de Gaston Bachelard a Louis Althusser". Em *Escritos por Althusser*, Buenos Aires: Nueva Visión, 2004.

BAYLE, P. "Dictionnaire historique et critique, Article Spinoza". Em *Écrits sur Spinoza*. Paris: Berg International Éditeurs.

MERLEAU-PONTY, M. "Por doquier y en parte alguna". Em *Signos*, Barcelona: Seix Barral, 1964.

SPINOZA, B. *Ética demostrada según el orden geométrico*. Tradução de Vidal Peña. Madri: Editora Nacional, 1984.

______ Em *Tratado de la reforma del entendimiento / Principios de Filosofía de Descartes / Pensamientos Metafísicos*. Tradução de Atilano Domínguez. Madri: Alianza, 1988.

A ontologia da técnica como marcador conceitual para interrogar o político na nossa contemporaneidade

Eladio C. P. Craia

1. Considerações iniciais

É quase um truísmo dizer que a tecnologia e a técnica constituem a marca mais visível de nossa época: seu significante mais amplo e, paradoxalmente, o mais preciso. Configuramos, por meio da técnica e da tecnologia, as mais variadas estruturas de sentido do nosso *mundo* (entendido segundo o significado fenomenológico dessa categoria). Os exemplos são incontáveis, e muitos deles são bem conhecidos; citemos apenas alguns dos mais importantes. Corpo, saúde, normalidade e patologia são hoje estritamente definidos pelo tecnológico, dado que a ciência médica moderna não é outra coisa senão o conjunto de possibilidades que o arsenal tecnológico oferece para reconhecer as supostas formas e estruturas objetivas da corporeidade, seu estado natural e seus desvios patológicos. Da mesma maneira, dividimos a sexualidade — aquela entendida coletivamente, não a íntima de cada indivíduo — em uma grade de tipos, ordens, classes e subclasses, expressa e sustentada no marco categorial da pornologia, que consiste na atividade técnica de agrupar ou separar práticas sexuais sem *julgá-las ou moralizá-las*. Até mesmo o homem de fé pode escolher entre uma ampla gama de opções tecnológicas (transmissões ao vivo por rádio e TV, gravações em diversos suportes tecnológicos e até participar dessa nova forma de Igreja: a fé virtual) para desenvolver e aprofundar sua relação com a transcendência e com o mistério. Não celebramos nem condenamos todo esse conjunto de fenômenos; apenas o constatamos como um fato.

Essa constatação é explorada reflexivamente nos âmbitos mais diversos, como, por exemplo, o senso comum, o discurso jornalístico, a abordagem científica, a produção artística etc. E, como consequência dessa variedade, são promovidas diferentes abordagens e análises, de acordo com o contexto de leitura (e as consequentes transversalidades e composições que dessas leituras derivam). Acrescentaremos a essa vasta constelação nossa perspectiva a partir de um recorte específico.

Não há dúvidas de que uma das formas de pensar esses modelos de ser da contemporaneidade é interrogar sua natureza; *dar a palavra à ontologia — e não à metafísica*.[122] Por outro lado, a técnica e a tecnologia deflagram modificações políticas e éticas profundas e decisivas nas dinâmicas coletivas.[123]

No plano estritamente político, que aqui nos interessa particularmente, a predominância técnica nos propõe desafios conceituais e legais severos. Problematizações que abordam questões como a propriedade do conhecimento e da produção

---

[122] Outra área da filosofia da técnica investiga a ontologia dos artefatos. Não podemos confundir aqui as duas: a ontologia do mundo técnico e a ontologia dos artefatos. Embora as duas não se excluam, elas se complementam de maneira singular e fértil.

[123] Deixamos, por questões de foco e espaço, o problema estritamente ético para outra reflexão. São conhecidos e amplamente debatidos os problemas originados da "necessidade" de estabelecer limites determinados a partir de uma ou outra axiologia ética. Isso se aplica tanto à pesquisa, à criação e ao uso de dispositivos e procedimentos tecnológicos, especialmente no que diz respeito à relação entre o artificial e a corporeidade que é considerada própria do humano.

tecnológica, sua relação com as regulamentações — tanto sociais quanto emanadas do Estado — e sua produção concreta de poder e controle sobre o âmbito coletivo-social, entre outras questões urgentes, são mobilizadas pela presença hipertrofiada do técnico em nossa vida coletiva. *A filosofia pensa, e deve pensar, politicamente a técnica.*

Assim, o presente texto analisa e expõe a possibilidade de promover uma aproximação especulativa ao fenômeno técnico-tecnológico contemporâneo a partir de uma articulação entre a reflexão ontológica, por um lado, e a reflexão política, por outro. É nesse cruzamento de caminhos que posicionamos nossa reflexão.

2. Uma distinção ontológica necessária

Um primeiro movimento analítico nos exige reposicionar, em termos ontológicos (e não apenas epistemológicos), o par conceitual técnica—tecnologia, que até aqui utilizamos quase como sinônimos, tornando-o mais fértil para nossa análise. Se utilizamos as duas categorias de forma próxima, mas nunca como sinônimos explícitos nem como equivalências semânticas, é porque, na verdade, há uma diferença importante entre elas. Tecnologia e técnica não são a mesma coisa.

Entendemos por "tecnológico" *o dado*, o campo fenomenal que se nos apresenta. Trata-se do conjunto múltiplo, variável e apenas parcialmente determinável *de artefatos e processos tecnológicos*. Esse âmbito tecnológico abrange desde a instauração de uma demanda ou necessidade — seja ela coletiva ou individual, real ou artificial[124] —, passando pelo planejamento ou desenho do artefato ou processo que poderá suprir essa demanda, a produção

[124] Las demandas pueden ser variadas. Desde alguna exigencia inmediata y real, (producir más alimentos, curar una enfermedad, etc.), hasta exigencias culturales, políticas, sociales menos fácticas, (viajar a la luna, crear GPS para turismo etc.); todas estas configuraciones son siempre demandas. En otro registro se deberá analizar sí ellas son multiplicadoras, mayoritarias o elitistas etc., pero, esa es otra cuestión, no menos importante, sin embargo, muy diversa.

concreta do que foi projetado, até seu uso — sempre imprevisível e, portanto, sujeito à dispersão ou deriva.

Nessa caracterização, estão reunidos os quatro aspectos centrais do universo tecnológico:

1. Perceber uma necessidade ou limitação (um primeiro momento coletivo-político);
2. Pensar e projetar um artefato ou processo que possa superá-la (um segundo momento epistemológico);
3. Produzir esse artefato (um terceiro momento econômico-comercial);
4. Colocá-lo em circulação para seus usos (um quarto momento social-capilar).[125]

É o conjunto — a operação completa e complexa desse ciclo — e não apenas um ou alguns desses momentos separadamente que define o mundo tecnológico; não só o artefato ou o procedimento devem ser considerados tecnológicos, mas todo o movimento que permite seu aparecimento fenomênico.

Então, o que seria a "técnica", se a definição de tecnologia engloba todos os aspectos da dinâmica do pensar e do fazer em relação aos artefatos e processos? Por outro lado, parece mais que evidente que só existe o tecnológico. O que temos são demandas, trabalhos teóricos do saber coletivo, produção factual de coisas com as forças socioeconômicas disponíveis e usos, apropriações do que é produzido — e nada mais. No entanto, como dissemos anteriormente, essa presença tecnológica confere *um certo sentido geral* ao que chamamos de realidade. Trata-se de um espaço semântico, a expressão de um sentido — para dizer com Deleuze —, ou de um solo epistêmico, para dizer agora com Foucault. Não se trata de uma síntese, nem de um denominador comum, muito menos de um elemento unificador, mas do modo pelo qual o plexo do tecnológico se expressa e nos confere um certo sentido.

[125] O tratamento mais demorado, bem como o necessário detalhamento destes momentos deverá aguardar outro espaço dada sua riqueza de nuances, as quais não seriam comportadas por este texto.

Essa noção de sentido deve ser compreendida conforme a conceitualiza Deleuze:

> O sentido, o expresso da proposição, seria então irredutível aos estados de coisas individuais, às imagens particulares, às crenças pessoais e aos conceitos universais e gerais. Os estoicos souberam dizê-lo: nem palavra, nem corpo, nem representação sensível, nem representação racional. [...] Porque nem sequer se pode dizer do sentido que ele exista: nem nas coisas, nem no espírito, nem com uma existência física, nem com uma existência mental. Pode-se pelo menos dizer que ele é útil, que deve ser admitido por causa de sua utilidade? Nem isso, já que está dotado de um esplendor ineficaz, impassível e estéril. Por isso dizemos que, de fato, não pode ser inferido senão indiretamente, a partir do círculo ao qual nos arrastam as dimensões ordinárias da proposição. (LS, p. 21).

Evento incorporal que se dá nas coisas e se expressa na linguagem. Em nossa interpretação dessa posição deleuziana, o sentido se singulariza de outra forma: não como o acontecimento de um único fenômeno, mas como o singular de uma multiplicidade. É por isso que podemos dizer que nossa época é técnica, porque assim a compreendemos a partir de sua infinita diversidade. Trata-se de um efeito imanente e unívoco do próprio mundo tecnológico, que recolhe suas variações e diferenciações internas, sua multiplicidade. É por isso que podemos pensá-lo: produzir sentido sem unificar.

Agora, o fundamental para que essa taxonomia esquemática funcione e se mostre razoavelmente consistente é que se aplique a esse par conceitual uma terceira noção: "imanência". De fato, não se trata de duas esferas ontológicas cuja diferença se estabelece a partir de uma relação organizativa da realidade, seja ela apenas causal (o tecnológico produz o técnico) ou transcendente (a essência da fenomenologia tecnológica contemporânea só pode ser compreendida por meio da remissão à sua especificidade técnica). Rigorosamente falando, nossa realidade é composta exclusivamente de artefatos e suas vicissitudes — isto é, do tecnológico. Entretanto, dado o caráter singular dessa composição, esse modo de ser da época promove um tipo de compreensão da realidade. Assim, compreendemos de maneira "técnica" campos fundamentais como as noções de corpo, riqueza, sexualidade, política etc. *Essa distinção categorial em termos ontológicos sustenta conceitualmente nosso trabalho ao analisar as operações políticas desse complexo técnico-tecnológico.*[126]

3. A técnica, a tecnologia e o político:

Não pretendemos, sob nenhuma hipótese, ser porta-vozes de discursos distópicos, sempre demasiadamente preocupados em temer as consequências sombrias da tecnologia sobre o corpo social e os outros corpos — os individuais — e, portanto, sobre o âmbito do político. Nosso objetivo é apenas traçar um quadro de situação para melhor refletir, em termos filosóficos, sobre este horizonte tecno-político.

Nesse sentido, uma explicação preliminar se faz necessária. Não se trata de discutir como as novas tecnologias operam e modificam a arena política, suas ideias e práticas. Essa é uma abordagem clássica e até necessária, se analisada sob a perspectiva de uma historicidade das forças do político, e não como uma ciência historiográfica das instituições políticas. Os exemplos são conhecidos e já bastante explorados; lembremos de alguns apenas para deflagrar uma análise inicial: o surgimento da escrita e sua capacidade de perpetuar o dito e, sobretudo, de introduzir o maior gatilho — *a assinatura*, a poderosa ferramenta de um *eu* autodeclarado no texto, a afirmação de autoria e a responsabilidade que isso imprimiu aos discursos políticos. A chegada da palavra livre na ágora (o primeiro meio de comunicação genuinamente político de massas — embora quase nada de massas, de fato); a invenção do livro e sua capilaridade (apesar das multidões de analfabetos), que disseminou ideias, proclamações, planos de operações, denúncias

[126] El eco heideggeriano de esta presentación es evidente, sin embargo, la utilización del aparato conceptual de Heidegger constituye apenas un momento de nuestro análisis y un momento parcial que debe ser completado con la incorporación de otros dispositivos especulativos, como aremos a continuación.

etc.; e, claro, a poderosa imprensa, que potencializou o livro e, subversivamente, o entregou ao *outro*, fosse quem fosse. Entre os séculos XIX e XX, os exemplos tornam-se ainda mais densos: jornais, revistas (de todos os tipos e com todas as opiniões), o rádio, a televisão, a cultura de massas e, como efeito notável, a contracultura. Aqui fazemos uma pausa. Os efeitos desse último dispositivo técnico-tecnológico ecoam até os nossos dias; os sistemas de TV a cabo representam seu último suspiro: o esforço trágico de alcançar toda a população politizável, multiplicando canais a partir de supostos nichos de interesses específicos (canais de notícias, esportes, cinema, amantes de cães, entusiastas da culinária etc. — uma lista diversa, mas finita). Contudo, já era tarde; *sempre há outro, com seu próprio nicho único, singular, íntimo*, jamais contemplado pelo sistema de TV a cabo. Assim, não surgiu outro sistema técnico-político de massas dessa natureza. O que veio depois, *e que constitui nossa contemporaneidade mais presente, pertence já a outra linhagem*.

O que se verificou foi um deslocamento e um ajuste em termos ontológicos no âmbito dos engenhos tecnológicos; para compreendê-lo, aplicaremos aqui nossa distinção anterior. A acumulação de fenômenos tecnológicos (artefatos e processos de produção) produziu profundas modificações — em muitos aspectos, embora nem todos, ainda com consequências nebulosas — no modo de ser do horizonte técnico, aquele que configura o sentido geral da época. Isso significa que não se trata de uma diferença de grau, mas de natureza; surgem novas e diversas formas de subjetivação, outras maneiras de construção de mundo etc. Um dos mais importantes desses deslocamentos traz consequências decisivas — e diretas — para o horizonte do político. Vamos analisar melhor esse movimento, então.

A ideia que sustentava o sistema clássico, por assim dizer, de relações entre produtores de discursividade e seus receptores, tanto em um aspecto geral como no político em particular, é a de *uma pluralidade de temas, discursos e opiniões sobre uma base tecnológica mais ou menos comum*. De fato, a partir de um sistema tecnológico que, se por um lado pode ser vasto e complexo, por outro se mostra como mais ou menos unificado e determinável (sobretudo por meio de seus protocolos e padrões), e considerado relativamente neutro — levando em conta o sentido geral de compreensão da realidade que ele produz —, um conjunto plural e variável de conteúdos (sejam informativos ou ficcionais) é distribuído, "enviado" para consumo por agentes classificados em nichos específicos de interesse e "demanda".[127]

Em termos *estruturais*, na configuração do sistema, é possível verificar que o regime tecnológico mais complexo dentro do espectro dos meios clássicos, referindo-se aqui aos sistemas de TV a cabo e suas derivações, implica um operador central, com os mesmos canais presentes em diversas partes do mundo, mas comandado por um produtor transnacional que organiza a estratégia em nível global. Em cada país ou região, estabelecem-se franquias geralmente operadas por oligarquias nacionais com vocação colonial, que atendem aos interesses das centrais produtoras de conteúdo, das quais são meros operadores locais. Embora as tecnologias e estratégias fossem transnacionais e centradas em um operador único, as necessidades e exigências políticas eram, em parte, propostas por esses atores locais, assim como as adaptações táticas específicas às circunstâncias e conjunturas regionais. O poder transnacional *precisava necessariamente passar por esses operadores locais*, suas filiais indispensáveis para alcançar os grupos sociais considerados como alvos mediáticos.

Por outro lado, *em termos semânticos e narrativos*, o sistema antigo (que, como já mencionamos, ainda nos acompanha com poder soberano, não esqueçamos) operava por meio de nichos. Isto é, por meio de uma atualização contemporânea e capitalista (de caráter estatístico) da antiga categoria aristotélica de "gênero": a classificação de indivíduos com base em elementos ou denominadores comuns, como situação social, formação cultural,

[127] Evidentemente, não podemos esquecer ou ignorar a infinita variedade de operações ocultas de direcionamento e manipulação do ambiente comercial e político. Da mesma forma, não se pode deixar de considerar o enorme peso dos mais variados bolsões de exclusão, como comunidades sem acesso à internet, entre outros. Partimos da hipótese da existência desses vícios coletivos, embora não os analisemos aqui por questões de espaço e foco.

necessidades materiais imediatas, direcionamentos políticos, preferências estéticas ou sexuais, entre outros. A série de classificações é praticamente infinita. Esse modo de comunicação, *assim como a operação política que ele sustentava, não podia prescindir do gênero, ou seja, da abordagem de indivíduos como parte, como membros de uma generalidade*. Daí a necessidade de domesticar, de impor traços comuns e pensamentos unificados por meio da comunicação de massa, criando o sujeito que, posteriormente, será tecnicamente operado. Trata-se de uma dupla tarefa: criar o sujeito e sujeitá-lo. O limite desse *modus operandi* reside na natureza de sua direcionalidade, sempre linear e unidirecional. Do meio para o indivíduo, sempre; as respostas dos consumidores de comunicação só poderiam se efetivar de forma mediada, indireta, por meio de pesquisas, levantamentos de interesses, consultas sobre satisfação etc. A voz dos indivíduos se perdia nos dispositivos investigativos. A tecnologia não permitia que as pessoas expressassem diretamente o que sentiam e desejavam. Filiais locais de grupos transnacionais como condição *sine qua non* para o funcionamento do sistema e a unidirecionalidade do tráfego semântico e narrativo eram os limites estruturantes dos meios tradicionais de comunicação de massa.

O que marca uma diferença de natureza é o surgimento de uma abertura para a possibilidade de uma nova forma de contato, de troca simbólica entre os atores envolvidos no campo comunicacional — uma forma direta, sem mediações de especialistas, *uma nova potência para a direcionalidade*. Na história da comunicação anterior, sempre e em todos os casos, desde a assinatura de um papiro até a TV a cabo, um polo enviava uma mensagem ao outro e só de forma defasada conseguia ouvir os desejos e opiniões do outro polo. Cada "eu da enunciação" era um autor, *mas o autor, na posição de emissor de um meio, sempre foi a pedra angular da comunicação*, seja no livro, no discurso da praça pública ou na produção de conteúdos no sistema a cabo. Isso foi irremediavelmente deslocado; não há mais retorno possível. A nova composição tecnológica permite que todos se manifestem (ou quase todos). A direção se inverteu: agora, os especialistas em direcionar as intenções do sujeito político coletam a infinita diversidade de opiniões singulares dos consumidores da comunicação, sem gêneros predeterminados, sem categorias postuladas por sociólogos, mas baseadas na coleta de opiniões, expressões, manifestações, autorrevelações — em suma, infinitas confissões públicas, declaradas abertamente, sem reservas, sem intimidade, sob o firmamento virtual. O slogan "te informo" metamorfoseou-se em "te escuto". E eles realmente nos escutam — sinceramente, honestamente, sem hipocrisia. Querem saber nossa verdade, nossas opiniões, nossos entrelaçamentos afetivos. Querem ver a foto que, num ato de amor puro, postamos no Facebook do embrião de nosso futuro filho e desejam saber o que escrevemos abaixo dessa foto. Eles realmente se interessam; nós realmente os interessamos. Dessa forma, os gêneros continuam existindo, mas *a posteriori*, fluidos, maleáveis, cambiantes, permanentemente ajustáveis de acordo com o que os vetores do plexo de opiniões indicam. Portanto, já não se trata de um gênero, mas de uma multidão; e nós já não somos mais indivíduos, mas *singularidades*.

Entretanto, isso não implica uma "democratização" das relações comunicacionais; talvez signifique o oposto. Eles nos escutam para operar sobre nós de forma mais eficaz, direcionando nossos desejos e necessidades. *Transformamo-nos em multidão por força do tecnológico, não do político*; assim, isso não é necessariamente um ato libertário, mas também não é necessariamente o contrário. O antigo agenciamento do técnico sobre o político produziu, em nossa contemporaneidade, uma inversão categorial decisiva. *Nosso diagrama epocal busca a singularidade.* Não apenas a filosofia se tornou uma filosofia da diferença e das singularidades; *os agentes do poder e do capital também* o fizeram. Sempre há um diferencial único em cada um de nós, *e o algoritmo sabe disso*; o dono do algoritmo é o capital. Trata-se de colocar em prática a existência fática deste ente que somos de maneira unitária (neste caso, na dimensão política), anulando as formas genéricas e de massas no âmbito político (assim como no econômico).

> Falo e direciono informações para você, e somente para você, de forma que você se reúna com alguns outros em um movimento secundário que não é de encontro social clássico, mas de outro tipo de encontro social, seja na rede, seja na vida.

Toda a lógica das redes sociais opera a partir dessa dinâmica social. O grupo, a multidão, é uma estrutura derivada, de segundo grau, mais produzida pela disposição tecnológica do que pelos agenciamentos políticos concretos. Sem dúvida, os meios clássicos e sua dinâmica consolidada e testada ao longo de décadas ainda possuem uma função cultural e política importante, mas já não são o epicentro do processo, pois operam sempre a partir de uma construção anterior. O analista de dados, de *Big Data*, de informações sobre o tráfego virtual substitui o sociólogo pesquisador.

Sem dúvida, já vislumbramos o conflito teórico e pragmático central em termos políticos. O conceito de classe ou grupo na política sempre foi problemático, como as filosofias da diferença sabem, mas agora está, mais do que nunca, encurralado. A política torna-se microfísica e individual de fato, e toda construção identitária é sempre posterior, de segundo grau.

Por outro lado, no que diz respeito ao que anteriormente chamávamos de "o aspecto estrutural", o mais evidente dessa nova configuração tecnológica é a clara eliminação — enquanto ator central e não em termos absolutos, é preciso esclarecer — das elites locais, proprietárias dos meios de comunicação de massa hegemônicos em cada país ou região. As redes sociais, a blogosfera e a rede global em geral já não necessitam da intermediação dos grupos midiáticos locais para realizar suas intervenções comerciais e políticas. Basta um *think tank* bem estruturado e capacitado, uma rede de informações qualificadas por especialistas e, finalmente, a voz múltipla, quase infinita, das pessoas que se confessam a cada minuto de suas vidas na internet. A mesma tecnologia que permite ouvi-las individualmente e construir seu perfil exato também possibilita responder-lhes quase pessoalmente ou, em casos extremos, pessoalmente. Assim, as decisões centrais são encaminhadas para múltiplos atores políticos, capilares e difusos na rede. Os históricos individuais de compras, de leituras de páginas da internet, de downloads de materiais de leitura, de consumo de conteúdos audiovisuais, de uso de pornografia, entre outros, constituem a sutil materialidade deste perfil. Essa nova "pele" que nos veste é formada por dados e informações.

As ferramentas tecnológicas a serviço do capitalismo atual permitem que já não seja extremamente necessária a construção de grandes conglomerados midiáticos locais, com suas oligarquias e suas vantagens politicamente conquistadas. Esses conglomerados continuarão a existir e a cumprir sua função, mas agora como atores coadjuvantes. O vetor central passa por outro caminho: do polo transnacional dominador da tecnologia para o indivíduo singular, consumidor dos conteúdos que essa tecnologia lhe oferece.[128]

A tecnologia e os processos, de fato, tornaram-se externos e globais como nunca antes; o âmbito de decisão está em outro lugar, de forma mais vertiginosa do que na geração tecnológica anterior. Sua função é permitir que todos falem, que todos se expressem o mais livre e sinceramente possível, dando voz a todos, sem exceção. Nossa informação é o alimento deles, que transformam em veneno ou remédio — que cada um decida. A colonização semântica e fenomenológica — e, portanto, também política — deu mais um passo adiante. As ditaduras das décadas de 1950 a 1980, financiadas por atores do capitalismo central, tinham na censura uma de suas ferramentas mais eficazes e preferidas: "*não fale, cale-se, não conte sua verdade*" era sua premissa. Hoje, esses mesmos atores nos dizem: "*fale comigo, conte-me sua verdade, não se cale, nada será censurado*."

Não foi uma mudança política, mas sim tecnológica; os objetivos políticos permanecem os mesmos.

---

[128] Não podemos analisar neste momento a discussão sobre a necessidade de estabelecer políticas públicas no campo da tecnologia. Quais vetores tecnológicos o Estado deve apoiar, incentivar etc. Esse tema é tão vasto que demanda um estudo exclusivo para ele.

4. Sobre a pergunta: O que fazer?

Afirmamos anteriormente que não nos posicionaríamos como porta-vozes das distopias. Após o que foi exposto, seria possível sustentar essa afirmação? Heidegger demonstrou, com argumentos precisos e, em nossa opinião, dificilmente refutáveis,[129] que não é possível invocar operações políticas, legais ou morais externas ao próprio horizonte técnico para organizá-lo ou limitá-lo. Não há um "fora" da técnica que se oponha a ela como uma contradição dialética — seja uma axiologia moral, um âmbito jurídico ou uma práxis política —, pois todos esses campos já estão operacionalizados dentro do campo de sentido epocal da técnica, como mencionamos no início deste ensaio. Então, onde localizar o político? Evidentemente, dentro do orbe técnico-tecnológico. Nesse sentido, A. Feenberg talvez ofereça um exemplo plausível.

Sem dúvida, é essencial, em uma época como a nossa, dar ouvidos a um filósofo que, nas páginas introdutórias de um texto, declara: "*A luta política, como estímulo para a inovação cultural e técnica,* [...] *continua ocupando um lugar destacado.*" (Feenberg, 2003, p. 08). Andrew Feenberg, autor dessa citação, afirma que seria completamente estéril promover uma confrontação dialética (ou mesmo múltipla) com este horizonte técnico de nossa época utilizando como armas alguma externalidade em relação à técnica — seja ela espiritual, ética, sociocomportamental etc. Sua proposta, ao contrário, sugere que, se houver uma saída para além da técnica (ou ao menos uma abertura em seu alcance totalizador), essa saída só poderá advir do próprio mundo técnico, tanto do seu sentido enquanto solo epistêmico (para usar a terminologia de Foucault) quanto de sua realização concreta nos fenômenos tecnológicos específicos. Portanto, o que nos resta é operar na técnica a partir da própria técnica. Entretanto, também sabemos que Heidegger nega essa possibilidade de uma "operação efetiva", pois tanto o *Dasein* e sua possível ação cultural (entendida em seu

[129] Nesse sentido, ver nosso artigo: "Heidegger e a técnica: sobre um limite possível"; in: Revista de Filosofia Aurora, v. 25, nº 36, 2013.

sentido mais amplo) quanto os parâmetros éticos e políticos da época já são técnicos e, portanto, incapazes de desencadear uma inversão profunda do sentido técnico da época.

Este talvez seja o mais vasto problema que o heideggerianismo nos legou.

> Heidegger nos mostra um jarro grego, reunindo o contexto em que foi criado e suas funções, comparando-o com uma moderna usina hidrelétrica. [...] Não há nenhuma razão para que a tecnologia moderna também não possa reunir-se com seus múltiplos contextos, embora com um *pathos* menos romântico. (Feenberg, 2010, p. 16).

Se, por um lado, não existe um âmbito fora da técnica "suficientemente amplo e vigoroso" para se posicionar como o outro, como o diferente dela, e se os atores nos campos ético e espiritual já são, sem saber, os abandeirados da técnica em si mesma, qual é o alcance da operação e do eventual sucesso de qualquer tentativa de reconfigurar a técnica para limitar seus perigos e destilar suas virtudes? No marco geral deste problema, e na possibilidade de superá-lo — isto é, aceitando a inevitável presença capilar da técnica em nosso mundo —, localiza-se o programa de Andrew Feenberg.

> Apesar dos méritos de colocar limites políticos e morais à técnica, a história mostra que parece impossível criar algo fundamentalmente diferente da sociedade industrial. (Feenberg, 2003, p. 07).

E, no entanto, em outro momento de sua reflexão, quase como um testemunho da multidimensionalidade do problema, Feenberg expõe esta declaração de princípios e objetivos: "Meu tema é a possibilidade de uma reforma radical da sociedade industrial." (Feenberg, 2003, p. 01). Desde que perspectiva e com que motores essa declaração e a anterior poderão conquistar um campo de efetivação não contraditória?

Em primeira instância, como já sugerimos, Feenberg parece indicar que é na própria técnica e em suas expressões concretas que devemos buscar as condições de possibilidade para uma emergência fenomenal e ontológica cujo caráter geral não destrua imprudentemente as produções mais diversas e múltiplas do homem e que, ao mesmo tempo, se manifeste como menos opressiva em termos de existências. Para desenvolver esse programa, Feenberg opera algumas mudanças conceituais importantes. Embora reconheça e preserve a estrutura reflexiva heideggeriana até certo ponto, ao mesmo tempo demonstra sua insuficiência categorial para pensar o problema do técnico:

> Existe uma tradição na filosofia da tecnologia que resolve esse problema invocando o conceito de "dominação impessoal", encontrado pela primeira vez na descrição que Marx faz do capitalismo. Essa tradição, associada a Heidegger e à Escola de Frankfurt, mostra-se demasiado abstrata para nos satisfazer atualmente, embora identifique uma característica fundamental da ação técnica. [...]. (Feenberg, 2005, p 109).

Por outro lado, Feenberg afirma, novamente muito próximo de Heidegger, que a essência da técnica não é técnica. No entanto, ao contrário do autor alemão, não leva essa afirmação até o ponto de pensar que se trata de uma forma ontológica epocal embutida no quadro de uma história geral da metafísica como história ocidental.

Pelo contrário, a técnica deve ser considerada um âmbito dinâmico e complexo, composto por variados elementos de produção. O conjunto desses elementos se reúne no horizonte do que Feenberg denomina *design*"" da tecnologia em si mesma.

Entendemos, assim, por que, para a filosofia de Feenberg, sem dúvida, o problema central é o *design* entendido como um tema político. Diz Tyler Veak:

> O design tecnológico é inerentemente político. Consequentemente, a coerção observada na escolha do design não implica apostar em algum tipo de essência da tecnologia, mas, ao contrário, pode ser explicada pelo controle hegemônico do

> processo de design por atores privilegiados. Ele sugere que uma política democrática radical da tecnologia pode implicar um enfrentamento dessa hegemonia e abrir espaço para que a modernidade seja governada a partir de seu interior. (Veak, 2010, p. 170).

Design, aqui, não é apenas a mesa de trabalho do engenheiro, mas o campo mais amplo que pensa o fazer tecnológico — por exemplo, nas demandas tecnológicas da sociedade, em seu design técnico específico, *em* sua lógica de produção, em sua logística de comercialização etc. Essa dinâmica só poderá ser pensada a partir de duas esferas conceituais fundamentais: o reconhecimento do caráter histórico da técnica e *de* seus *designs*, por um lado, e, por outro, a supressão da oposição entre artefatos e campos sociais. Essa estrutura conceitual é o que marca o distanciamento definitivo de Heidegger.

> De acordo com a história do Ser proposta por Heidegger, a "revelação" moderna está atravessada por uma tendência a assumir cada objeto como se fosse uma matéria-prima potencial para a ação técnica. Os objetos entram em nossa experiência apenas na medida em que observamos sua utilidade dentro do sistema tecnológico. A libertação em relação a essa forma de experiência pode surgir a partir de um novo modo de revelação, mas Heidegger não tem ideia de como as revelações aparecem e desaparecem. (Feenberg 2005, p. 111).

Assim, apontando as noções de "experiência" e "liberação" como dois momentos centrais, Feenberg antepõe o problema do político à questão da técnica. Essa precedência da política sobre o puramente técnico é o que permite ao pensador canadense propor uma de suas teses centrais, a saber, a necessidade de estabelecer *regimes sociais que regulem e democratizem, desde o interior, as estruturas de produção e construção em termos de design*, ou seja, nas formas concretas de ação técnica.

Por essa via, busca-se atuar na democratização da técnica a partir de seu interior, tentando, assim, modificar e transformar a lógica atual de sua produção.

Observemos o deslocamento neurálgico: *não é a política de Estado, oficial e legalmente instituída, que poderá levar adiante essa democratização, mas sim uma ação política, militante, de luta, dentro do campo de produção técnica*. Isso será possível *somente se for feito no momento do design*, quando o técnico é pensado, proposto e planejado, antes de sua produção efetiva. É claro que a política de Estado deve apoiar esse esforço com legislações favoráveis, o que demanda também uma ação política nesse âmbito, mas não é a partir desse lugar que as mudanças plurais e democráticas da técnica poderão ocorrer. É necessário que, no momento do *design*, haja uma pluralidade de atores diversos que pensem e tentem impor seus pontos de vista no futuro processo ou artefato técnico.

Conseguir, por meio de ações políticas, ocupar esse espaço de formulação dos objetos tecnológicos com, por exemplo, sindicalistas, ambientalistas, comunidades minoritárias, setores excluídos etc. — uma lista indeterminada e sempre passível de ampliação.

O design como a nova arena política, o novo marco de uma agonística política. Insistimos: 'no caso' de o político pode fazer algo frente ao universo técnico, isso somente será possível se movermos a maior parte das ações políticas para dentro do campo que impõe certa lógica à produção real do tecnológico, ou seja, para o momento do design no momento do *Design*. Evidentemente não se trata de impor não especialistas no seio de uma indústria que precisa de mão de obra altamente especializada e qualificada; no entanto, esse tipo de recurso humano também se encontra nos mais diversos grupos de interesse.

Agora, se por um lado é necessário *mudar o modo de ser do tecnológico* por meio da luta sociopolítica, mas, por outro, tudo parece indicar que, em termos ontológicos —— ou seja, *no sentido que o técnico dá à época* —, isso parece impossível, então é evidente que toda essa análise exige, para não cair em uma aporia, outra mediação conceitual. De fato, como é possível propor uma modificação pela via sociopolítica e por operações democráticas quando o substrato que deve ser transformado — a natureza do técnico-tecnológico — continua sendo um modo de ser ontologicamente único e com determinações fixas?

Reencontramos aqui a distinção que estabelecemos no primeiro tópico deste texto: a distinção entre técnica e tecnologia como uma multiplicidade ontologicamente unívoca e imanente a seus próprios efeitos práticos. A resposta parece passar, precisamente, pela relação entre univocidade e multiplicidade — ou seja, pelo fato de que a técnica integral não é apenas unívoca como um sentido do tempo, mas também múltipla em seus campos fenomenais.

As entidades são, como sempre, infinitas, mas organizadas por um sentido técnico. É articulando essas diversas séries que podemos pensar na técnica como um sentido ontológico e, ao mesmo tempo, como uma pragmática fenomenal; somente dessa maneira será possível operá-la.

5. Conclusão

O que se trata aqui é de compreender que a técnica não é um modo ôntico-ontológico homogêneo ou unitário. Em termos fenomenológicos, ela mesma gera seu próprio diferencial interno, a invenção e produção do inesperado. Em termos ontológicos, reorganiza seu campo geral de sentido a partir dessas variações. Em termos de práticas políticas, aponta para a necessidade (e, talvez, possibilidade) de uma apropriação dos meios tecnológicos — de modo, evidentemente, pacífico e não tão pacífico, dado que, naturalmente, sempre haverá resistências. A tecno-tecnologia acelerou as formas de produção — tanto as massivas, criadoras e dominadoras de mercados e povos, quanto a outra, a inesperada, a da surpresa tecnológica, aquela que cria novas formas de corpos a partir do desejo, e não apenas do consumo.

Ela permite variações fenomenológicas que escapam das previsões originais de uso e potencializa a arte contra ela mesma. É por esse motivo que uma ação política talvez possa ser proposta: uma luta política imanente à técnica, desde o interior do fazer tecnológico, porque, ontologicamente, a técnica não é unitária, essencialista e regulamentada; ao contrário, é múltipla e aberta, inclusive quando cria sentidos gerais para a época.

Frente à técnica, precisaremos invocar duas linhagens de pensamento: a filosofia política e a ontologia não metafísica.

Quem sabe, talvez tenhamos uma chance.

Referências bibliográficas

CRAIA, E. *A problemática ontológica em Gilles Deleuze.* Cascavel, EDUNIOESTE, 2002.

______ *Gilles Deleuze e a questão da Técnica*; IFCH — UNICAMP, 2003.

DELEUZE, G. *Différence et répétition*. Paris, Puf, 1993.

______ *Lógica do Sentido*. Tradução: Luiz Roberto Salinas Fortes. São Paulo, Editora Perspectiva, 1998.

FEENBERG, A. *Teoría crítica de la tecnología*. in: Revista CTS, nº 5, vol. 2, junio de 2005.

______ "Ten paradoxes of Technology". in: *Techné* 14:1 Winter 2010.

HEIDEGGER, M. A questão da técnica. *Cadernos de Tradução*, n. 2, p. 40-93, 1997.

______ "Carta sobre el Humanismo", in http://www.usma.ac.pa/eticos/1/Humanismo_R3.html.

VEAK, T. "Whose Technology? Whose Modernity? Questioning Feenberg's *Questioning*". California, 2010.

VIRILIO, P. *Velocidade e Política*. São Paulo, estação Liberdade; 1996

A revolução de "NósOutros" em torno de uma teoria da realidade para uma política histórico-material do nosso tempo

Ricardo Espinoza Lolas

A mis queridos polignanesi…

Exergos

"*Il moderno Principe, el mito-Principe non può essere una persona reale, un individuo concreto: può essere solo un organismo, un elemento sociale nel quale già abbia inizio il concretarsi di una volontà collectiva riconosciutta e affermatasi parzialmente nell'azione*" 1. Gramsci, *Quaderni del carcere…*[130]

[130] Gramsci, A., *Quaderni del carcere. Volumen secondo. Quaderni 6 – 11 (1930-1933)*, Einaudi, Torino, 2014, p. 951.

"*Era dunque necessario a Moisè trovare el populo d'Isdrael in Egypto stiavi e oppressi dalli Egizii, acciochè quelli, per uscire di servitù, si disponessino a seguirlo. Conveniva che Romulo non capissi in Alba, fussi stato esposto al nascere, a volere che diventassi re di Roma e fondatore di quella patria. Bisognava che Ciro trovassi e' Persi malcontenti dello imperio de' Medi, e li Medi molli e efeminati per la lunga pace. Non posseva Teseo dimonstrare la sua virtù, se non trovava li Ateniesi dispersi. Queste occasioni pertanto feciono questi òmini felici e la escellente virtù loro fece quella occasione essere conosciuta: donde la loro patria ne fu nobilitata e diventò felicissima*". Maquiavelli, Il Principe...[131]

"*Ese Teseo debe poseer generosidad para otorgar al pueblo que él haya creado con pueblecitos dispersos una participación en lo que se refiere al todo, porque una constitución democrática, semejante a la que Teseo dio a su pueblo, constituye en sí misma, en nuestra época y en los grandes Estados, una contradicción y, por lo mismo, esa participación debería estar organizada. Incluso en el caso de que la dirección del poder del Estado que tenga en las manos le asegure de que no llegará a ser recompensado con la ingratitud, como le sucedió a Teseo*"3. Hegel, La constitución de Alemania...[132]

"*Reducir la distancia es imposible*"4. Malabou, *El placer borrado*...[133]

---

[131] Machiavelli, N. "Il Principe", en *Niccolò Machiavelli. Tutte le Opere. Secondo l'edizione di Mario Martelli (1971)*, Bompiani, Milano-Firenze, 2018, p. 821.

[132] Hegel, G. W. F., *La constitución de Alemania*, Aguilar, Madrid, 1972, p. 153.

[133] Malabou, C.: *El placer borrado. Clítoris y pensamiento*, Adrogué, La Cebra; Santiago, Palinodia, 2021, p. 41.

1. Introdução — Teseu fascista ou NósOutros?

Ao ler *Phaedra's Love*, de Sarah Kane (1996), nos deparamos com esse Teseu fascista, aquele que faz o que quer em benefício de si mesmo, disfarçado sob a forma de amor pelo Outro (pelo desvalido, pelo miserável, pela multidão). Esse perfil tanto agrada ao próprio fascista — como Mussolini — quanto a todos os fascistas atuais, desde ditadores como Pinochet até empresários totalitários como Trump, passando por muitos políticos no estilo de Milei, Meloni e Le Pen.

No entanto, surge a pergunta óbvia: será que Boric é um fascista para o Chile e Petro para a Colômbia, assim como Putin é para a Rússia? Como saber quem é o Teseu "bom" e não o fascista totalitário? Como saber que, mesmo que Teseu se mova pelo poder (*Macht*), mesmo usando a violência (*Gewalt*), ele não é um fascista? A distinção entre poder e violência, tão cara à social-democracia, é suficiente para entender um Teseu? Como ocorre um Teseu revolucionário e não reformista social-democrata, muito menos totalitário fascista? E se Teseu não fosse um nome próprio, mas sim representasse uma função, um operador ou, como dito de maneira "lacaniana", se Teseu não fosse alguém, mas sim um significante o "Nome de Teseu" e, com isso, estivéssemos falando do real quando falamos de "Teseu"?"

Hegel, seguindo Maquiavel, é bastante claro em seu texto sobre a Constituição (nunca publicado). Lembremos parte do exórdio desse texto:

> Esse Teseu deve possuir generosidade para conceder ao povo que ele criou com pequenas comunidades dispersas uma participação no que se refere ao todo, porque uma constituição democrática, semelhante à que Teseu deu ao seu povo, constitui em si mesma, em nossa época e nos grandes Estados, uma contradição e, por isso, essa participação deveria estar organizada.[134]

[134] Hegel, G.W.F., *La constitución de Alemania*, op. cit., p. 153.

Sabemos pelos mitos e por essa incrível "biografia" escrita por Plutarco (muito estudada tanto por Maquiavel quanto por Hegel) que Teseu não é um herói qualquer. Seu poder e sua violência são radicais: ele matou o Minotauro com socos (expressão bestial do próprio Dionísio, impossível de ser assassinado), seduziu a mênade por excelência, Ariadne (filha de Minos e Pasífae, irmã do Minotauro e futura companheira do deus ébrio), e, com seu fio, conseguiu sair do Labirinto (mais complexo do que matar o Minotauro). A sedução da filha de Minos foi tanta que ela traiu todo o seu mundo minoico por amor ao seu herói ático. No entanto, Teseu também abandonou Ariadne por indicação da própria Atena, tendo tanto poder a ponto de deixá-la lamentando-se em Naxos (de qualquer forma, não lhe foi tão mal, pois Dionísio e ela fundaram o mundo antigo com sua dança). Como Hércules, Teseu realizou muitas façanhas contra vários monstros da Hélade e fundou uma Atenas unida pela mão da própria deusa sábia, armada e por vezes coruja: Atena (uma deusa queer, diríamos nos dias de hoje).

Por isso, ele não poderia ficar em Naxos com Ariadne. O grande historiador francês do mundo antigo, Pierre Grimal, aponta:

> Depois da morte de Egeu... Teseu assumiu o poder *na* Ática. Seu primeiro ato foi realizar o 'sinécismo', ou seja, reunir em uma única cidade os habitantes até então dispersos pelo campo. Atenas tornou-se assim a capital do Estado assim constituído. Ele a dotou dos edifícios políticos essenciais: o Pritaneu, a Bulé etc. Instituiu as festas das Panateneias, símbolo da unidade política da Ática. Cunhou moeda, dividiu a sociedade em três classes — nobres, artesãos e agricultores — e estabeleceu, em linhas gerais, o funcionamento da democracia como existia na época clássica. Conquistou a cidade de Mégara e a incorporou ao Estado que havia criado. Na fronteira entre o Peloponeso e a Ática, ergueu uma estela para marcar o limite dos dois países: de um lado, o dórico; do outro, o jônico. E, da mesma forma que Hércules havia fundado os Jogos Olímpicos em homenagem a Zeus,

> Teseu instituiu, ou melhor, reorganizou em Corinto os Jogos Ístmicos, em homenagem a Poseidon.[135]

Se olharmos para o que Teseu realizou, graças à síntese de Grimal (baseada no ciclo mítico do herói expresso em vários textos, vasos, crateras etc.), percebemos que ele não é de forma alguma um humano, muito menos um homem (no sentido masculino), de carne e osso. Nele não há nenhum Duce, Führer, Caudilho, Libertador ou Ditador que encarne algo "essencial".

Teseu não é nenhum "em si" oculto que queira se manifestar. Teseu não expressa a essência oculta de algo universal que deseje se revelar e que leve consigo a totalidade de algo próprio (o erro monstruoso do soberbo Heidegger dos anos 1930, repetido atualmente por muitos pensadores de orientação ontológica, como os populistas que clamam por um Pablo Iglesias ou por um Zelensky, ou o próprio Dugin e seu amor por Putin). Em Teseu, não há essência de nada, muito menos de uma *Heimat* que busque ser expressa radicalmente (dito de maneira "heideggeriana", Teseu não traz nada à presença, porque não há nada na origem para trazer à presença). E, portanto, na questão que Teseu coloca, está em jogo algo não apenas político, mas uma questão em torno do real.

Em Teseu, dito por Maquiavel, ocorre materialmente a fortuna que depois se torna a virtude de alguns; é o que Hegel chama na Constituição de maneira dupla para expressar a nuance de Maquiavel como Zufall e Notwendigkeit:

> Se Maquiavel atribuiu a queda de César Bórgia não apenas aos erros políticos, mas também ao acidente (Zufall) que, justamente no momento mais decisivo, o da morte de Alexandre, o deixou doente na cama, da mesma forma temos que ver em sua queda uma necessidade mais elevada (Notwendigkeit) que não permitiu que ele desfrutasse dos frutos de suas ações nem os explorasse para aumentar seu poder, porque a natureza, tal como aparece em seus vícios, parece tê-lo destinado mais a um brilho efêmero e a ser mero instrumento da fundação de um Estado.[136]

---

[135] Grimal, P., *Diccionario de Mitología Griega y Romana*, Paidós, Barcelona, 1989, pp. 508-509.

[136] Hegel, G.W.F., *La constitución de Alemania*, op. cit., p. 125.

A fortuna tem algo de acidental e, ao mesmo tempo, necessário; pois a fortuna já indica algo do real em sua distância constitutiva (de todas as coisas e, especialmente, do humano) que nos permite ver essa dupla dimensão. E é o pensamento dialético metódico de Hegel que pode ir dando explicitação aos traços que Maquiavel descreve em sua história material do humano no início do século XVI, nessa Florença dilacerada que não pode se articular como algo vivo, pois o método hegeliano[137] move-se no próprio movimento do humano entre si e com as coisas; e esse movimento faz parte de um modo de mostrar o real no próprio humano, embora seja doloroso para ele. E nisso, esse Teseu, que se move na tensão dialética do acaso e da necessidade, é virtuoso por excelência, ou seja, nele ocorre o poder (*Macht*), mas como diria um Hegel contemporâneo, nesse Teseu virtuoso, há uma forma constituinte de ser que é expressão pura da liberdade (*Freiheit*) que está na base dessa articulação de teoria e prática, tão importante para o político e expressão radical do real em seu movimento constitutivo à distância. Teseu é o livre por antonomásia, mais do que o próprio Siegfried wagneriano (e sem a necessidade de qualquer espada), por isso ele se move no poder constituinte, mesmo quando se mostra como violência (quando as ruas e praças estão em chamas), embora isso complique para a socialdemocracia, para os diversos Honneth encontrados em muitos lugares, pois implica que em Hegel a revolta social é sempre pensada como manifestação do poder do livre (isso não pode ser aceito, por exemplo, por Pöggeler, e não esqueçamos seu texto falho *Machiavelli und Hegel. Macht und Sittlichkeit*). Estamos diante de um Hegel distante de Rosenkranz e, portanto, de Kant e do prussiano e de um Estado totalitário fechado, mas estamos mais próximos de Georg Lukács (e do genial *Der Junge Hegel und die Probleme der kapitalistischen Gesellschaft*, 1954) e Joachim Ritter (e seu brilhante *Hegel und die französische Revolution*, 1957) e dali para Ripalda, Jameson, Toscano, Ruda, Vieweg, Žižek, Butler, Malabou e tantos pensadores e amigos atuais.

[137] Véase, Espinoza, R., *Hegel y las nuevas lógicas del mundo y del Estado*, Akal, Madrid, 2016.

O Teseu de Hegel não é alguém de carne e osso, e menos ainda encarna algo essencial, mas o mesmo ocorre com o de Maquiavel, embora às vezes Il Principe possa nos induzir a acreditar que seja alguém concreto. No entanto, ele também não manifesta nenhuma essência florentina ou de qualquer povo originário ou primordial florentino, pois é sempre um acaso que se torna necessário à luz da liberdade radical que abre o poder do real no meio da trama sócio-histórica material de uns com Outros, na luta de uns contra Outros. Teseu não é um sujeito nem totalitário nem reformista, mas também não é sujeito algum no sentido de ser alguém, e para isso, as chaves são fornecidas pelo próprio Maquiavel em seus Discursos, como Negri percebe:

> ... a república torna-se o corpo do príncipe, a matéria viva do poder constituinte. A crise do discurso político que Maquiavel havia experimentado entre 1512 e 1513, tanto na redação do *Livro delle Repubbliche* quanto em sua vida pessoal, é superada teoricamente.[138]

Agora, Teseu para Maquiavel, como Hegel percebeu muito bem trezentos anos depois, é a república. O poder do real, a liberdade, se expressa em uma perspectiva: na república, ou seja, no povo (ou plebe ou multidão — nomes diversos para Maquiavel que indicam certos traços específicos para mostrar o humano que emerge da liberdade do poder):

> Não se pode chamar, de forma alguma, razoavelmente, uma república desordenada, onde existam tantos exemplos de virtude; porque os bons exemplos nascem da boa educação; a boa educação, das boas leis; e as boas leis, daqueles tumultos que muitos consideram inconsideradamente prejudiciais: porque quem examinar bem o seu fim não encontrará que tenham gerado algum exílio ou violência em detrimento do bem comum, mas sim leis e ordens em benefício da liberdade pública.[139]

---

[138] Negri, A., *El poder constituyente. Ensayo sobre alternativas a la modernidad*, Traficantes de Sueños, Madrid, 2015, p. 99.

[139] Machiavelli, N. "Discorsi sopra la prima deca de Tito Livio", en *Niccolò Machiavelli. Tutte le Opere. Secondo l'edizione di Mario Martelli (1971)*, op. cit., p. 322.

No tumulto, na revolta, o povo como Povo expressa seu próprio movimento real (portanto, transformador do instituído); e esse movimento nos indica a chegada da história, sua irrupção, com toda a dor que isso pode acarretar, mas, ao mesmo tempo, como a irrupção do constituinte, do poder do real como liberdade. Esse poder permite estabelecer um certo tipo de Estado que passa necessariamente por esse movimento popular e que desestabiliza o establishment neurótico — aquele que opera como uma representação natural do estado das coisas, pois nada muda e toda mudança é, no fundo, "gatopardismo"," para que nada mude. *Do* príncipe (melhor com minúscula: "príncipe") para o Povo (melhor com maiúscula: "Povo") — é isso que nos indica o Teseu de Maquiavel, um Povo que se dá como tal na própria revolta (*Macht-Gewalt*) e que nasce no acaso mesmo, tornando-se depois necessário.

Por exemplo, no Chile, em outubro de 2019, um processo constituinte foi gerado.

Não foi Gabriel Boric o Teseu do Chile, mas sim os chilenos, em suas múltiplas expressões populares, que tomaram as ruas e provocaram uma mudança histórica: uma irrupção do poder do real na contingência mesma e, com violência, em busca do bem comum de todos — inclusive dos opositores (e, para isso, era necessário dissolver o estabelecido, o instituído por Pinochet). Um Estado emerge de suas bases e se mantém vivo na medida em que está sempre aberto e em movimento, mesmo que sangre (se o Estado não for assim, tem que perecer, como diria o jovem Hegel). Um Estado precário e contingente, a partir de uma lógica feminina do não-todo (seguindo Lacan e, com isso, Žižek) e em movimento permanente, é agora o lugar da verdade como um processo que passa por Nós Outros. Hegel, desde muito jovem, já em sua *Fenomenologia* (1807), nos dizia que a verdade é processo; e, sendo um processo, um movimento, um acontecimento histórico, de mãos dadas com a confraria do próprio Dionísio, ou seja, a emergência do povo:

> A filosofia, ao contrário, não considera a determinação não essencial, mas na medida em que é essencial; seu elemento e

> seu conteúdo não são o abstrato ou irreal, mas o real, o que se coloca a si mesmo e vive em si, o ser ali em seu conceito. É o processo que engendra e percorre seus momentos, e este movimento em seu conjunto constitui o positivo e sua verdade.[140]

Teseu não pode ser nenhum Napoleão possível (mesmo que certo Hegel o pensasse, ou mesmo Richelieu, que acabou sem cabeça e com seus amados gatos mortos de forma atroz). Teseu é um significante que menciona o "Nome de Teseu", ou seja, uma função que emerge de um todo vivo e que não se deixa capturar em uma teoria fechada do real, muito menos em uma *praxis* reprodutiva e repetitiva que busca perpetuar o instituído. Teseu é um operador do livre como poder do real, que abre o labirinto — de sua distância — em que vivemos e, a socos, destrói esse Minotauro de uma vida não vivida, de um trabalho morto, de um tempo morto: o tempo do capital. Teseu é expressão do tempo, do tempo vivo que, entre uns e outros, nos damos, na revolta mesma, para que depois haja outro tempo. Teseu é expressão revolucionária de um acontecimento do movimento vivo do real e, nisso, do humano. Gramsci percebe isso, na prisão de Turi, ao ler Il Principe, e, por isso, abre esse texto em seu exórdio inicial:

> Il moderno Principe, o mito-Principe, não pode ser uma pessoa real, um indivíduo concreto: pode ser apenas um organismo, um elemento social no qual já tenha início o concretizar de uma vontade coletiva reconhecida e afirmada parcialmente na ação.[141]

E é por isso que Maquiavel não se perde, como alguns teóricos atuais da social-democracia (e, obviamente, de todos os modos de ser dos conservadores — para não falar dos direitistas, pois, às vezes, o termo já não significa nada), e Maquiavel afirma categoricamente que: "… o povo… que se acredita serem ignorantes, é capazes de dizer a verdade",[142] porque na cidade a realidade

[140] Hegel, G.F.W., *Fenomenología del espíritu*, FCE, Ciudad de México, 1966, pp. 31-32.
[141] Gramsci, A., *Quaderni del carcere. Volumen secondo. Quaderni 6 – 11 (1930-1933)*, op. cit.
[142] Machiavelli, N. "Discorsi sopra la prima deca de Tito Livio", *en Niccolò Machiavelli. Tutte le Opere. Secondo l'edizione di Mario Martelli (1971)*, op. cit., p. 322.

acontece como distância, e isso se expressa nessa vida da própria *praxis* cotidiana, que de alguma forma suscita uma certa teoria e, com ela, uma instituição contingente para possibilitar a articulação entre todos Nós Outros.

2. Novos conceitos para velhos problemas que se repetem como uma farsa inaceitável

Como entender mais detalhadamente esse Teseu como "povo" nos dias de hoje, sem cair nos problemas que o conceito de povo traz desde o próprio Maquiavel e que se agravam com a teoria populista atual de Laclau, com todas as modificações feitas por seus herdeiros?[143] Hoje, após uma pandemia de Covid-19 — cujos efeitos ainda se fazem sentir em cada um e na sociedade —, os conceitos do humano (e do real em si) formulados por muitos quadros teóricos chegam tarde demais ou distorcem o humano, interpretando-o erroneamente e encobrindo-o radicalmente. Isso é feito constantemente pelos conservadores, mas também é prática comum de muitos partidos e movimentos que se autodenominam de esquerda.

Esses conceitos tornam-se cúmplices de políticas que geram tanto repúdio e mal-estar social em muitas partes deste pequeno planeta. E nos vemos repetindo, de alguma forma, a experiência de um Maquiavel do século XVI e de um Hegel do século XIX, em pleno século XXI, perguntando-nos sobre esse Teseu como povo — mas um povo que deve ser tematizado de forma mais completa, à altura destes tempos e com uma visão do real que seja, ao mesmo tempo, estrutural como distância constitutiva e dinâmica como movimento, em todo o seu devir fugaz, contingente e que nunca se fecha.

[143] Mesmo teorias populistas são postuladas sem antagonismo e, assim, um populismo liberal é refundado, veja Appleton T., *The Politics to Come. Para um populismo de singularidades*, Ned, Barcelona, 2022. Ou não falamos mais de populismo, porque o significante já indica fascismo ou tem má fama, e o proletariado é usado novamente para dar outra reviravolta ao populismo espanhol, que é afundando dia a dia: Gómez Villar, A., *Os esquecidos: ficção de um proletariado reacionário*, Bellaterra, Barcelona, 2022.

Longe, portanto, de teorias que nada mais têm a oferecer, pois são parte do problema que precisa ser enfrentado e superado. Hoje, o tema do real não é mais pensado, exceto por fenomenólogos e ontólogos de maneira bastante antiquada — sempre a partir de Husserl e Heidegger —, e pelos realistas especulativos de maneira infantil, seguindo Badiou e as ciências, mas sem dar conta explicitamente do real em sua operação em meio à dor mesma do precário que implica ser um humano.

Além disso, há muitos conceitos-chave que não são mais repensados de maneira crítica. Um desses conceitos, que sofreu uma desvalorização radical, é o conceito de "povo" da escola populista de Essex (Laclau, Mouffe, Stavrakakis).

Sua origem é eminentemente "peronista e cristã", desenvolvendo-se ao longo de décadas na Argentina — fenômeno perceptível na quase devoção religiosa por figuras como Maradona e Cristina Kirchner, mas também replicado em outras partes da Ibero-América (Evo Morales, Pablo Iglesias, Bolsonaro etc.) e da Europa (Meloni, Le Pen, Putin, Zelensky etc.).

Esse modelo de Teseu é um salvador concreto, sobre o qual repousa a redenção do universal em si. Nesta perspectiva, o populismo falha em compreender o humano em seu caráter diferencial, sexuado, mortal e histórico.

Em vez disso, o entende como subsumido na categoria "universal" de povo a ser construído — pois todo populismo é uma ontologia — graças a um novo Cristo Salvador.

Assim, o povo seria algo por vir, um povo a ser configurado na medida em que é construído por meio de suas demandas, quando certos humanos tomam consciência de seu mal-estar graças ao líder.

Por essa razão, a teoria populista sempre chega tarde ao bairro: serve apenas, no início, para canalizar o mal-estar e opera como uma estratégia de poder para obter votos (daí seus dois grandes conceitos associados, hegemonia e antagonismo), mas nunca se enraíza na vida material de cada um de Nós.

Com o iminente fracasso — porque não há redenção possível de nada, muito menos mediada por um novo Cristo —, o que se gera é frustração, desconfiança e, muitas vezes, a migração do eleitorado populista para a extrema direita.

Foi o caso de muitos comunistas que apoiaram Le Pen na França em 2022, mas essa dinâmica se repete em muitos outros lugares. O populismo levanta "Teseus" de carne e osso, a-históricos, que pretendem realizar a salvação do povo em si mesmos. E o povo busca se reconhecer nesse Teseu, para assim poder ser alguém na vida — ou, melhor dizendo, ter sucesso, ou seja, reconhecimento neste mundo-mercado.

Outro conceito que se tornou obsoleto, como mencionei, nesta pandemia, é o de "reconhecimento" da Escola de Frankfurt, já em sua versão de Honneth.

Seja na vertente "otimista"," com sua ideia de progresso (quarta geração), seja na vertente "pessimista", que reflete" criticamente diante da iminente catástrofe por vir (Hartmut Rosa, Rahel Jaeggi etc.), esse conceito mostra-se insuficiente.

Especificamente, compreender o humano em relação ao Outro, como modo de reconhecimento entre ambos, instala uma luta e uma competição por "aparecer" bem-sucedido no planeta.

Isso acaba transformando o humano em um sujeito que, como empresário de si mesmo, busca incansavelmente ser reconhecido.

De alguma forma, ele se torna um valor determinado, uma mercadoria de si mesmo (mesmo que seja de maneira "estúpida e grosseira"), uma mercadoria no mercado[144] e, além disso, nesse reconhecimento entre um e Outro, sempre vai mediar a social democracia como a instituição política europeia, por excelência, que deseja hegemonizar o planeta para governar e assim homogeneizar a todos sem diferenciação alguma; e a social democracia já não é o que foi (nos anos 70 do século passado, isto é, a expressão mesma do bem-estar para todos), mas é parte do problema em entender o europeu e o humano à altura dos tempos, ou seja, como um diferencial material que o constitui e se move, transita e não se deixa aprisionar nem no eu nem no

[144] Véase, Brown, W., *El Pueblo sin Atributos*, 2017.

Estado-nação algum: somos humanos em trânsito em múltiplos sentidos; desde a diversidade sexual LGTBQIA+ até os migrantes que nos constituem de todos os lugares que chegam: somos misturas de misturas e misturas materiais, como brilhantemente apontado por Gloria Anzaldúa.[145]

Da mesma forma, ocorre com a proposta da Escola fenomenológica e ontológica de Friburgo, centrada em Husserl, mas especialmente em Heidegger (embora este esteja atualmente bastante "cancelado" devido à sua fundamentação ontológica do nacionalismo social evidente nos Cadernos Negros, editados por Peter Trawny).

Ou seja, entender o humano como um fenômeno "aberto" que se contrapõe às determinações de um "eu" fechado e moderno acaba por reduzi-lo radicalmente em sua materialidade.

O humano não é estudado como um animal que se tornou sob condições materiais ao longo de séculos e milênios, mas como um elemento categorial ou ontológico que se abre desde o próprio real, "o" ser, sem mediação alguma.

Hoje, essa abordagem é completamente anacrônica, pois nos deixa sem nada a fazer — apenas esperando que um "Deus nos salve", como Heidegger disse à *Der Spiegel* em sua entrevista de 1966, publicada postumamente em 1976.

Esse é um dos graves problemas de Chul-Han e de muitos ontólogos, sejam crentes ou ateus, que povoam diferentes academias filosóficas.

Da mesma forma, a psicanálise chega tarde na atualidade, ao estabelecer a compreensão analítica do humano (e, com isso, uma cura) a partir de uma sexuação normalizada pela teoria do falo, da castração e da edipização na diferença essencial de gêneros (Freud).

Essa estrutura é centrada no masculino e se baseia na neurose — o último resíduo cristão e capitalista que sobrevive na teoria psicanalítica freudiana, nascida no final do século XIX.

Assim, o psicanalista clássico freudiano não sabe o que fazer com o feminino.

[145] Véase, Anzaldúa, G., *Borderlands / La Frontera*, 1987.

Além disso, o sexuado feminino não se deixa simbolizar radicalmente em certa escola psicanalítica parisiense (Lacan e Miller) — a escola do simbólico.

Tampouco a clínica da psicose, própria do ensino do real, consegue lidar com o feminino em si — e, por extensão, com o humano.

O maior feito de Lacan foi alcançado no Seminário 20 (*Encore*, 1972-1973), onde levou a psicanálise ao seu limite possível.

Ainda assim, a psicanálise não consegue compreender, muito menos tratar, os grandes problemas de angústia da atualidade.

Não é capaz, por exemplo, de repensar o humano — e, com isso, a cura — a partir de uma perspectiva queer, trans etc.

Hoje, há novos modos humanos de ser que convivem nos bairros, na diversidade sexual, por meio dos quais alguns corpos se acoplam com Outros em suas próprias singularidades para se sentirem à vontade e, assim, afirmarem a vida.

Esse é um movimento de plenitude em meio a um mundo capitalista neurótico que opera, como diria Hegel, como uma "representação natural".

Em última análise, nos deparamos com um quadro de interpretação insuficiente do real e do humano.

Diante dos desenvolvimentos complexos do humano em nossos tempos, tanto conceitualmente quanto metodologicamente, esses quadros teóricos não nos representam pelo que somos e não conseguem oferecer uma expressão mais completa do real. Maquiavel tentou mostrar o possível ao retratar o humano em uma história material florentina e indicar certos traços dele no século XVI, mas isso também não é suficiente para os nossos dias.

O mesmo ocorre com tudo o que Hegel realizou no século XIX — cujos efeitos chegam até os nossos dias por meio de Marx, Lenin, Adorno, Lukács, Jameson, Žižek, Butler etc.

Ainda assim, devemos dar um passo adiante em termos conceituais.

Como mencionei, os conceitos já existentes são pouco apropriados para expressar o humano em seu radical devir material e contingente, que se constitui a partir de um Outro que o perfura enquanto real. Em relação à metodologia, percebe-se a insuficiência de cada uma dessas abordagens ao expressar o humano de forma isolada, unilateral e abstrata, sem desenvolver uma teoria do real para hoje.

Assim, essas teorias sempre chegam tarde demais aos problemas que vivemos entre Nós nestes tempos — tempos que, embora semelhantes aos problemas do século XVI em Florença, atualizaram-se à altura dos dias atuais.

Muito tempo se passou, e o impacto material em nossos corpos foi tremendo, continua e não vai parar.

3. Nós, com Hegel, mas de mãos dadas com o pensador dançarino Nietzsche para pensar o real

Diante do possível colapso social e institucional que essa maré humana está provocando em todo o mundo capitalista — tão bem descrito há quase um século por Fisher, Žižek, Butler, Jameson etc. — e diante do desenrolar desta nova pandemia e do fortalecimento do capitalismo, o desafio é reconhecer a necessidade da transformação do quadro epistemológico de concepção do humano e do real.

Foi exatamente isso que Hegel fez no início do século XIX contra todo o kantismo em suas diversas manifestações (Fichte, Jacobi, Hölderlin, Schelling etc.). Os conceitos vigentes que configuram os estados da arte tanto na filosofia, de modo geral, quanto na filosofia social e política (e também em certa psicanálise do simbólico, nos estudos culturais dos anos 1980 e em certos feminismos, como o da identidade ou o da essência) ficaram ancorados em formas "antigas" ou inúteis para articular um pensamento ético-político capaz de responder à problemática que nos aflige diariamente como habitantes deste pequeno planeta interconectado, em tensão e, ao mesmo tempo, em fragmentação permanente.

Nos é repetido, não como um fantasma, mas como um pesadelo, o mundo de Maquiavel — e ele nos persegue.

A necessidade de mudar o quadro interpretativo do humano e, com isso, do próprio real, a fim de aproximar a instituição dos humanos (porque devemos ter algum tipo de institucionalidade), como diria Esposito, a uma instituição biopolítica e a uma nova compreensão do nosso ser — do humano como um animal/diferencial (um animal livre em distância): sexual, mortal e histórico, constituído com o Outro em uma tensão dinâmica e mediada em seu território — é fundamental. Nietzsche expressa isso de forma bela e metafórica no aforismo § 60, "As mulheres e sua ação à distância", de *A Gaia Ciência*:

> Ainda tenho ouvidos? Sou apenas ouvido e nada mais? Aqui estou no meio do ardor das ondas, cujas brancas chamas se erguem para lamber meus pés: — de todos os lados vêm até mim uivos, ameaças, gritos, estridências, enquanto na profundidade mais profunda o velho agitador da terra canta sua ária, rouco como um touro que berra: e ao mesmo tempo marca um ritmo de agitador da terra que faz com que até mesmo essas rochas monstruosas, temperadas nas tormentas, tremam o coração no corpo. Então, de repente, como nascido do nada, aparece diante do portal deste infernal labirinto, a poucas braças de distância — um grande veleiro, deslizando silenciosamente como um fantasma. Oh, essa beleza espectral! Com que encantamento ela me captura![146]

Nessa distância está a distância mítica de Ariadne (o feminino), que mobiliza o touro Dionísio. O humano, como um animal, começa a caminhar como tal (sai de si mesmo) a partir da distância estrutural que o constitui, ou seja, a própria liberdade do real.

Embora tal liberdade cause muito medo e a distância gere uma perfuração do humano, é ela mesma que permite que o animal humano possa se tornar o que deve ser (como diria Píndaro-Nietzsche): um humano em e pelo Outro, mesmo que esse Outro seja parte do próprio problema que o amedronta radicalmente. Essa animalidade humana que se expressa nessa

[146] Nietzsche, F., "La gaya ciencia", en *Obras Completas. Volumen III. Obras de Madurez I*, Tecnos, Madrid, 2014, p. 769.

finitude radical, pela liberdade em distância que a constitui, pulsa fisicamente nessa diferencialidade. E pulsa em e pelo Outro, qualquer Outro. A própria distância do real: é a nossa radical mortalidade sexualizada.

E o filósofo espanhol Xavier Zubiri aponta algo semelhante (contra Heidegger e os fenomenólogos e ontologistas, pois pensam o humano sem corpo e animalidade) e expressa de maneira técnica:

> Por isso, ao homem pode ocorrer o que nunca pode ocorrer a um animal: sentir-se perdido nas coisas... Somente o homem pode ficar sem desordem, perdido nas coisas mesmas, perdido, portanto, não na desordem de suas respostas, mas no distanciamento do sentido.[147]

O ser humano vive o próprio corpo animal em distância de todas as coisas e do real delas — ou seja, da própria distância das coisas em si mesmas.

Assim, o humano vive sua própria animalidade radical.

E não pode ser de outra maneira, porque, como Nietzsche diria, "apesar de" essa distância dolorosa — que nos aponta a abertura de tudo e a falta de um sentido essencial garantido, inclusive do humano (não há religião ou ideologia que nos salve dessa profunda verdade) —, é por isso mesmo que o humano pode transformar todas as coisas e, assim, a si mesmo.

Formalmente, libertar-se.

Mesmo sabendo-se mortal, finito, é exatamente isso que permite seu desvio de si mesmo — ou seja, o sexo em ato praticado por alguns com Outros. Esse momento físico e real do distanciamento radical do humano é a base de toda possível revolução, que tanto Maquiavel quanto Hegel viram em seus respectivos tempos. E é assim que Teseu pode emergir do Nós em tempos como estes, sempre atualizado para nós: um Teseu animal em distância, não apenas mortal e sexual, mas eminentemente histórico de alguns com Outros.

[147] Zubiri, X., *Inteligência Sentiente,* Alianza, Madrid, 1980, pp. 70-71.

Essa tríade estrutural e dinâmica, em distância, que proponho para compreender o humano — como sexual, mortal e histórico — foi pensada externamente por Maquiavel e desenvolvida reflexivamente por Hegel.

Hoje, ela não se expressa como uma individualidade que interage com Outra individualidade (o liberalismo do capitalismo sempre se infiltra por alguma fenda — até mesmo em Agamben, por meio de seus pensamentos).

Ela se manifesta como um tecido sócio-histórico material e virtualmente mediado por todos os meios de interação — desde textos e imagens até a digitalização; desde as cartas e livros de Maquiavel até o Instagram e as redes sociais atuais.

Essa mediação se ancora dinamicamente em territórios bem determinados.

Já não é possível falar abstratamente de forma alguma.

O significante "humano" expressa "humanos"," e, por sua vez, "humanos" indicam territórios determinados, dinamicamente abertos em liberdade.

Nunca territórios fechados ou totalizantes.

Encontrar novas ferramentas conceituais e metodológicas para acompanhar a emergência permanente de um novo humano — a melhor maneira de entender e atualizar Nietzsche hoje e torná-lo parte de nossa Teoria Crítica — tornou obsoletas determinadas formas conceituais de articular teorias sobre a prática em que vivemos.

Esse foi o grande legado de Maquiavel.

E Hegel o realizou parcialmente na *Phänomenologie*, mas de maneira brilhante na *Wissenschaft* e, especialmente, em seu terceiro livro de 1816, *Die Lehre vom Begriff* — texto que nos permite entender sua *Grundlinien der Philosophie des Rechts* (1820), com seu magistral "Prefácio".

Toda teoria está de mãos dadas com a prática.

E é a prática que abre a teoria e a torna sempre contingente e precária (chega tarde, como diz Hegel, mas ainda assim chega).

Mas não sem necessidade.

Muito pelo contrário: isso nos permite pensar o presente — esse aqui (este Rodas, como Hegel diz no Prefácio), nessa dança dionisíaca da vida que nos escapa pelas mãos. Isso foi o que Maquiavel tentou fazer há cinco séculos.

E é o que temos que fazer hoje, à altura de nossos problemas.

É o que Gramsci tinha muito claro, encarcerado e doente em Turi:

> Chega-se assim também à igualdade ou equação entre 'filosofia e política', entre pensamento e ação, ou seja, a uma filosofia da práxis. Tudo é política, até mesmo a filosofia ou as filosofias... e a única 'filosofia' é a história em ato, ou seja, é a vida mesma.[148]

4. NósOutros... assim nos revolucionamos hoje

Para isso, o conceito filosófico que proponho — e que já venho utilizando neste próprio texto — é o de "NósOutros, no qual" tenho trabalhado ao longo de muitos anos e que se sintetiza em meus últimos livros (Espinoza Lolas, Capitalismo e empresa. Rumo a uma Revolução dos NósOutros, 2018, e NósOutros. Manual para dissolver o Capitalismo, 2019).[149] Esse "NósOutros" poderia ser expresso em inglês como "WethOthers" (seguindo a tradução de Carlos Gómez Camarena para a primeira edição da editora Routledge de: *The Marx and Lacan Vocabulary*, onde escrevi a entrada sobre Revolução)[150]. Este conceito expressa o humano hoje no próprio real como distância, conforme acontece materialmente; e nos permite entender essa nova forma de ser que surgiu rapidamente durante a pandemia em toda a Europa e no planeta; e esse humano, que somos NósOutros, veio para ficar.

[148] Gramsci, A., *Quaderni del carcere*. Volume secondo. Quaderni 6 – 11 (1930-1933), op. cit., p. 886.

[149] Nova edição: Espinoza, R. *NósOutros. Manual para a dissolução do capitalismo*, Mimesis, Milão, 2022.

[150] Ver, *The Marx Through Lacan Vocabulary*, Routledge, Londres, 2022.

O construto filosófico de "WethOthers" nos permite, ao contrário de certas teorias, olhar materialmente para o humano e partir de uma concepção do real: um animal perfurado em sua estimulidade, expulso do paraíso animal dos estímulos que asseguram como devemos nos comportar.

Esse humano vive em distância com as coisas e, portanto, é livre — embora isso cause pavor ao animal humano). E nisso vemos, como já indiquei anteriormente, em uma dupla dimensão: uma estrutural e outra dinâmica (sincrônica e diacrônica ao mesmo tempo). Do ponto de vista estrutural, o animal humano que emerge radicalmente nestes tempos de capitalismo e pandemia é:

- Sexuado (nossos corpos materialmente pulsam em uma passividade e atividade constitutivas; daí que todos sejamos "queer" ou, se preferirmos, pervertamos os limites que nos querem impor como absolutamente determinados). Algo dessa pulsão foi estudado por Freud e pela psicanálise desde *Die Traumdeutung* (1900), como um elemento material constitutivo do animal humano — contra toda interpretação *espiritual* do humano como eu, espírito ou consciência, que negava sua materialidade e pulsão sexual.
- Mortal (somos finitos e radicalmente caducos). Isso foi estudado de maneira analítica existencial, ou seja, ontológica, por Heidegger em seu *Sein und Zeit* (1927) — embora esse humano heideggeriano nem nasça, nem materialmente tenha corpo, nem sofra, nem se alimente, nem adoeça, nem seja força de trabalho, nem morra como os animais.
- Histórico (nossa única transcendência é o sedimento imanente de camadas e camadas de resíduo humano, de lógicas humanas que se cruzam e atravessam, como o lodo, sem nunca evitar a dor do Outro que isso provoca). Essa historicidade radical foi demonstrada pelo crepuscular Adorno, já sem crença na revolução, em sua *Dialektik der Aufklärung* (1966).

O humano é sexuado, mortal e histórico, mas isso não é suficiente para percebermos o que somos como um Teseu dos NósOutros no século XXI.

Precisamos nos entender dinamicamente.

É nesse movimento que tudo o que somos hoje como animais em distância livre se joga.

Um humano entre Outros humanos.

E, nesta tensão dinâmica (uma maneira de entender o perverso além da neurose e da psicanálise clássica, como um operador dinâmico do que somos: revolucionários), o humano já não se vê em nenhuma categoria associada ao "eu" (saímos do Labirinto da Modernidade).

Qualquer tentativa de aprisioná-lo em alguma cela está fadada ao fracasso.

E ele tampouco pode ser enjaulado na armadilha do Estado-nação (Hegel percebeu *isso* claramente e permaneceu fiel a *esse princípio* revolucionário *até o fim* — por isso, a edição de *Dieter Henrich* dos *Grundlinien nos permite ver* que Hegel nunca foi um prussiano).

Isso que era conhecido na América Latina, na África e no Oriente agora também se tornou um fato na Europa: múltiplas nações sem Estado, múltiplos humanos sem nação.

Misturas de misturas.

Somos humanos em meio ao real como distância.

Isso é visto e vivido em cada bairro europeu há séculos, assim como no Oriente, na América Latina e, evidentemente, no mundo anglo-saxão dos EUA e do Reino Unido.

O humano acontece em tensão diferencial à distância e em mistura com Outros.

Essa é a liberdade por excelência.

Essa é a expressão do poder (Macht), até mesmo da violência (Gewalt), e não se deixa capturar por nenhuma categorização: perverte todas as leis que lhe são impostas como se fossem naturais.

Portanto, não se trata do poder (liberdade) de Teseu como NósOutros expresso no modo de ser de Agamben, nem no correlacionismo de Balibar, nem tampouco na tentativa de Negri de construir esse poder a partir da própria vida, como se isso fosse algo dado, um tipo de substrato.

O humano, em sua sexuação, mortalidade e historicidade, caminha com outros humanos articulados de maneira constitutiva.

Aí reside sua liberdade.

E aí mesmo se dá o poder constituinte do real. Esse Outro que nos constitui nos dá uma característica dinâmica: estamos sempre em trânsito por natureza e não podemos deixar de estar.

Somos humanos em "trans" — e, por isso, não vejo necessidade de escrever "NósOutros" com "x" ou qualquer outra marcação diferencial (*esse* erro *vem* de certo heideggerianismo que quer expressar a pegada diferencial em si, *uma armadilha* que perfura os derrideanos). O humano é, em si mesmo, um tecido sócio-histórico material, ao mesmo tempo livre e, às vezes, violento.

Nesse dinamismo, nessa plasticidade, acontece hoje o animal humano em distância livre e que ocorre com o Outro como revolucionário. E acontece como uma estrutura dinâmica viva e tensa que se expressa materialmente em seus territórios.

Podemos vislumbrar isso nos espaços públicos, nas redes sociais, nas obras de arte, nas expressões estéticas dos corpos, no que se pode chamar de nosso "inconsciente" tecnológico.

Os usuários das redes, os artistas, os agentes do virtual operam como parte essencial dessa mediação.

Eles nos possibilitam ver como acontece esse NósOutros hoje — em meio a um território determinado por condições materiais, múltiplas pegadas, tatuagens, bandeiras revolucionárias, canções, acoplamentos de corpos e entre os corpos.

Por certo sofrimento ou trauma que o constitui e que, ao mesmo tempo, opera como um momento que se assume e que nunca se resolve completamente — um 'remanescente'.

E, na atualidade, essa materialidade do animal humano está mediada, junto à arte, pelo virtual em si — desde os *mass media* até as redes sociais, passando pelo smartphone e seu poder de digitalização material.[151]

[151] Véase, Castells, *El poder de la comunicación*, 2009.

5. NósOutros os animais mortais, sexuados e históricos que nos acoplamos entre si: nos amamos politicamente, mas com Sade

O humano é um animal em distância, isto é, livre (e, por isso, *sente* pavor da existência, ao contrário dos outros animais).

É estruturalmente mortal, sexuado e histórico, mas, ao mesmo tempo, é dinamicamente um tecido social, que vive e constrói — tensa e, às vezes, violentamente — um presente; e, portanto, está ligado a um passado que o sustenta e se abre a um futuro por vir. A estrutura material — sem sentido algum — do animal humano é eminentemente temporal em seu dinamismo. Uma temporalidade que, ao nos mediar uns com os Outros, nos constrói sexualmente livres e diferenciais, como Butler destaca em seu Gender Trouble (1999) (embora tenha corrigido posteriormente o livro devido às críticas recebidas, pois parecia defender um certo essencialismo de gênero).

Ao mesmo tempo, nesse dinamismo mediado, estamos também ideologizados: nosso inconsciente está totalmente capturado, e essa captura é a verdade do capitalismo, como Žižek enfatiza em toda a sua obra, especialmente em O objeto sublime da ideologia (1989).

É por isso que a arte e as tecnologias sociais atuais, mesmo nas suas expressões capitalistas (como o Facebook), nos servem para ver o que somos como NósOutros hoje — e, dessa forma, revolucionar o establishment em que vivemos (esse simbólico naturalizado que nos neurotiza e nos dita, como um 'pai', o que fazer, o que pensar e o que esperar).

Somos uns "trans" perversos emancipadores que, das ruas — já empíricas, já virtuais —, nos levantamos uns com os Outros, às vezes em luta permanente, não apenas para resistir à normalização capitalista, patriarcal e colonial, mas para insistir e revolucionar o próprio sistema.

Como ficou claro na obra das artistas chilenas Las Tesis e sua crítica ao Estado por meio da performance "Um estuprador em seu caminho" (inspirada na obra de Rita Segato).

Este humano — animal livre e sofredor, estrutural e dinâmico — habita territórios materiais concretos (e que os habita sempre mediado pelo virtual que o constitui e o empodera), age como um animal que precisa realizar sua própria liberdade (é o grande tema de Maquiavel e de Hegel), como enfaticamente aponta Xavier Zubiri em sua *Trilogía de la Inteligencia Sentiente: Inteligencia y realidad; Inteligencia y logos e Inteligencia y razón* de 1980-1983. Estamos em uma fenomenologia material, que encarna a ontologia heideggeriana. Zubiri, como um Deleuze espanhol, mas mais conceitual e rigoroso, à maneira de Spinoza, nos mostra que o humano é a realização da liberdade do real em meio a toda a complexidade da sua própria condição.

E é exatamente nisso que reside seu problema enquanto animal humano — problema que hoje se agrava: Como esse animal humano se organiza livremente com os Outros e aceita sua diferença radical sem permitir que a violência atue entre NósOutros mesmos? É possível que a liberdade como poder não seja violenta? Se o Estado nos violenta — certo Estado, com sua violência mítica, um Estado que somos NósOutros enquanto mero nós —, ele nos sintetiza para nos governar como rebanho.

E, nisso, nos sodomiza, para que produzamos na maquinaria normalizada da produção e distribuição de capital, da submissão colonial e da dominação patriarcal.

O que nos resta é essa animalidade desse Teseu dos NósOutros, que se atualiza na pele.

E aí mesmo, nos corpos, ocorre a violência que Benjamin chamou de messiânica — mas que, na verdade, não tem nada de teológico, e sim de imanência dos corpos acoplados sexual, mortal e historicamente uns aos outros.

Uma violência que emerge e diz, nietzscheanamente: Sim, outra vez! E, nessa atualização, em parte, o instituído se dissolve e abre espaço para construir novos valores.

Para isso, é necessário o design e implementação de novos espaços territoriais, de novos modos de interação, colaboração e deliberação social, que rearticulem o humano sexuado, mortal e histórico como tecido material sócio-histórico.

Desde as escalas comunitárias menores até as maiores: desde as marginalidades diferenciais às relações cotidianas que ocorrem, por exemplo, na vizinhança do bairro. E a partir dessas relações de maneira sócio-histórica, os processos de pertencimento aos territórios ao "WethOthers", a vida em comum, mas nunca isenta de conflito; postular isso seria realmente absurdo e mostraria que nada sabemos do humano — nem antes, nem agora.

Que não compreendemos como opera o real como distância e, nisso, liberdade e poder. Toda idealização do humano — contra a qual Maquiavel sempre lutou e também Gramsci — deve cair por seu próprio peso.

Pois foi parte do próprio problema de toda a política que expressou o humano a partir de uma concepção equivocada do ético — totalmente romantizada e idealizada sobre o que somos, sobre o que as coisas são, e, em última análise, sobre o que é o próprio real.

Dado que se postula um humano animal, formalmente distante e inespecífico, coletivo, em rede, material, com componentes estruturais (sexualidade, mortalidade e história) e componentes dinâmicos (o Outro como elemento relacional na configuração dos humanos), é possível compreender como nos acontece todo tipo de transformação.

O NósOutros não busca apenas explorar e descrever os componentes estruturais do humano social — que se articula permanentemente graças aos seus componentes dinâmicos —, mas propõe e cria novos quadros conceituais políticos, concebidos como novas formas de legitimação democrática cidadã. E isso pode ser visto hoje nas políticas do Chile e da Colômbia, nos movimentos sociais, nos sindicatos, nos coletivos marginalizados, nos LGBTQIA+, nas nações sem Estado, nos povos originários, nos migrantes de todo tipo que rompem as fronteiras dos Estados-nação, nos grupos que se organizam pelas redes sociais de misturas de humanos.

Bem-vindos sejam os perversos, os abjetos, os precarizados, os que sobram, os marginalizados, os pobres de todo tipo, os perdedores, os queers, os mestiços, os fronteiriços, os estranhos, os freaks, os habitantes de um país que não existe, os caminhantes e sua sombra, os que fazem caminho ao andar de Machado, os monstros que não se deixam representar, os que transitam, os imprescindíveis de Brecht, os traídos, os encarcerados, os psiquiatrizados, os espíritos livres como Fritz, os materialistas radicais como Freud, os que não perguntam, mas fazem, os que desafiam o estabelecido, os que, nestes tempos de capitalismo, amam, os dançarinos, os que riem, comem e bebem, os amaldiçoados, os que sonham, os fracos, os fragmentados, os torturados, os vejados, os que quebraram seus ossos, os que escrevem com tintas de sangue e risos, os *Polignanesi*, os filhos de Sade.

6. Conclusão: Animais revolucionários subvertendo todos os limites do instituído na própria contingência do real

Não se trata nem de substrato nem de correlação.

Todo substrato se 'funda' em uma correlação (*e, nisso*, o realismo especulativo tem razão).

Mas, ao contrário do que pensa Meillassoux, essa correlação 'ocorre' no real como diferença (como certo Heidegger percebeu, de mãos dadas com Nietzsche, e, especialmente, Derrida, entre outros autores do século XX).

Além disso, a diferença 'acontece' a partir da distância mesma que nos perfura como animais humanos livres, que vivem em meio a uma materialidade sem sentido, precária e na contingência mesma de nosso fazer com Outros.

Esse real não está no jogo duplo que Meillassoux propõe em "Depois da finitude" (2006). Não se trata de substância e correlato, duas formas de articular o real e o humano ao longo da história (obviamente influenciado por Kant, lido por Badiou), nem de uma história infantilizada e idealizada (entre ciência e filosofia), expressa pelo que ele chama de "em si," ou absoluto, ou real.

Menos ainda se trata de superar o horizonte do correlato para pensar um real na contingência.

Meillassoux escreve:

Antes do transcendental, uma das perguntas que poderia desempatar de modo decisivo dois filósofos rivais era a seguinte: qual é o que pensa a verdadeira substancialidade? É o filósofo que pensa a Ideia, o indivíduo, o átomo, Deus? Que Deus? Depois de Kant, e desde Kant, desempatar dois filósofos rivais já não resulta de perguntar qual pensa a verdadeira substancialidade, mas sim de perguntar qual pensa a correlação mais originária. É o pensador da correlação sujeito-objeto, do correlato noético-noemático, da correlação linguagem-referência? A pergunta já não é: qual é o substrato correto? Mas sim: qual é o correto correlato?

Mais adiante, ele acrescenta:

? (...) Mas nosso propósito não era tratar aqui a resolução mesma. Não se tratava, para nós, senão de tentar convencer de que era não apenas possível voltar a encontrar o alcance absolutório do pensamento, mas que isso era urgente, pelo abismal que se tornou o divórcio entre o copernicanismo da ciência e o ptolemaísmo da filosofia, quaisquer que sejam as negações em que se apoie essa cisão... fica à espera que o problema da ancestralidade nos acorde de nosso sonho correlacional e nos comprometa a reconciliar pensamento e absoluto.[152]

Assim como Kubrick nos conta a história da humanidade com a elipse mais famosa da história do cinema em seu "2001: Uma Odisséia no Espaço" (e o faz para não perder tempo com uma narrativa já conhecida e bastante entediante para todos):

desde a hominização, o golpe fatal, o voo espacial para a Lua para poder entender o que acontece no chamado do Monólito ao humano, tentei fazer o mesmo com este pensamento de Meillassoux. Em essência, é um livro muito entediante porque nos conta o óbvio que já sabemos desde certa história das ideias bastante idealizada, como já disse; nisso, Kubrick é mais astuto, vai direto ao final, enquanto Meillassoux fica exatamente na jornada do humano ao lado escuro da Lua e

[152] Meillassoux, Q.: *Depois da finitude. Ensaio sobre a necessidade da contingência*. Buenos Aires, Caja Negra, 2021, p. 30, 204.

> ali, nesse lugar, aparentemente fica e não avança. Não se trata de substrato e correlato e de sair do correlato para o real de outra maneira (isso Hegel já resolveu, mas não o Hegel de Badiou que aparece em seu livro), na medida em que contingência; nisso, o filósofo francês fica preso e se perde no Labirinto de Ariadne. Deve-se dar o passo, como tento neste escrito sobre o político, de entender o real a partir dessa forma de entender o humano em sua contingência mesma que lhe ocorre em sua vida política no real (e nisso Nietzsche é o mestre a ser seguido), embora isso para alguns filósofos seja antifilosofia (isso que é chamado de 'anti' é, talvez, o único modo filosófico de expressar o real como distância na contingência mesma do que nos ocorre), porque é o modo de sair do Labirinto, pois trata-se de uma contingência precária que nos constitui biograficamente a partir do material mesmo que nos perfura sempre a distância e que se atualiza em um movimento constitutivo, com toda a história material que isso implica (com todo o erro dentro de si, Maquiavelo nisso é outro mestre), em um aqui somático com o Outro, por isso não mais substrato, não mais correlato, não mais saída do correlato, mas na distância do real uma vida que revoluciona o estabelecido. E que se expressa de modo escritural de ouro na filosofia.

Somos estritamente animais de revoluções (embora essa afirmação incomode conservadores de *todos os tipos*). Pois, desde sempre, nossa distância de todas as coisas nos mantém fisicamente e materialmente abertos para realizarmos nosso desejo de alguma forma — mesmo que seja precário e contingente. E isso é a dor de ser um animal humano (pois estamos sempre sangrando; nossa animalidade supura). E é isso que demonstra o conflito permanente em meio a uma materialidade sem sentido algum — onde até o capitalismo funciona de modo naturalizado. É por isso que Maquiavel não se perde, ao contrário de muitos teóricos da social-democracia (e, obviamente, dos conservadores *e da direita*, *que*, *muitas* vezes, já *nem significam* nada). E é por isso que Maquiavel afirma categoricamente: "... os povos... embora sejam ignorantes, são capazes da verdade."[153]

[153] Machiavelli, N. "Discorsi sopra la prima deca de Tito Livio", *en Niccolò Machiavelli. Tutte le Opere. Secondo l'edizione di Mario Martelli (1971)*, op. cit., p. 322.

E isso é possível porque, por natureza, somos um Outro enquanto Outro. Somos inexoravelmente um NósOutros para nós mesmos. Estamos em distância de nós mesmos — e isso é a vida em sua cotidianidade e presente. A melhor definição estrutural-constitutiva do humano: ser um NósOutros. A melhor definição dinâmico-operativa do humano: ser Revolucionário.

É impossível ser um animal humano que não esteja revolucionando o sistema que o constitui. Pois ele o perverte. Caso contrário, não seria humano. E aqui já reside a possibilidade da dissolução do capitalismo. Pois nosso modo humano de ser viável no mundo está em nossa abertura física e material desde o corpo e o sentir aos humanos e às coisas.

Essa distância constitutiva é o que nos permite ser livres. E, com isso, o poder constituinte se ativa. Às vezes, a própria violência da mudança se torna inevitável. Hegel é enfático ao dizer: "... o direito de rebelião diante da ordem que nega toda realização à vontade das pessoas livres."[154]

Se Nietzsche, no século XIX, lutava contra o cristianismo porque este aprisionava o humano no "Labirinto de Ariadne" (a Modernidade, com seu ego pesado), no meu caso, estou em guerra contra o capitalismo, em pleno século XXI, pois ele nos envenenou a ponto de "Odiarmos o Outro em sua diferença mesma". Este NósOutros pretende que você, leitor, desperte e dissolva esse Labirinto em que tem vivido. E assuma, com toda a dor de se saber finito, esta simples vida — porque não há outra vida senão esta. E esta vida acontece em e pelo Outro, que nos constitui na distância mesma do real. Este NósOutros, em última análise, nos fala sobre como é possível hoje nos amarmos uns aos outros. E, amando-nos uns aos outros, pervertemos o que nos foi dito sobre cada um de nós. Pois todo 'um' é de um Outro que nos acontece sexualmente. E, especialmente, quando nos amamos para dar de si Centauros. Mesmo que isso seja doloroso, é assim que continuamos a ser o que somos — sempre à altura dos tempos.

[154] Hegel, G.W.F., *Philosophie des Rechts: Die Vorlesung in einer Nachschrift*, Frankfurt a. M., Ed.: Dieter Henrich, 1983, S. 20.

E, como diz Anzaldúa há muitos anos (1987), esse NósOutros, em distância, se expressa de uma maneira diferente de escrita, uma escrita nietzscheana, que indica nosso caráter emancipador de todos os limites — nos próprios limites:

> As fronteiras são projetadas para definir os lugares que são seguros e os que não são, para distinguir o *us* (nós) do *them* (eles). Uma fronteira é uma linha divisória, uma fina linha ao longo de uma borda íngreme. Um território de fronteira é um lugar vago e indefinido, criado pelo resíduo emocional de um limite contra a natureza. Está em um estado constante de transição. Seus habitantes são os proibidos e os banidos. Aí vivem os atravessados: os vesgos, os perversos, os queer, os problemáticos, os chulos de rua, os mulatos, os de raça mista, os meio mortos; em resumo, aqueles que cruzam, que passam por cima ou atravessam os limites do 'normal'.[155]

O que Anzaldúa nos diz é nossa filosofia do real — e uma proposta para uma política de misturas para estes tempos.

Sua forma de expressão é uma filosofia "nietzscheana", isto é, articulada com o "literário" (no sentido amplo), ou seja, o humano, o diferencial, o psicanalítico, o feminino, o estético, o social, o que nos perverte e nos faz romper os limites de um real abstrato e patriarcal caído do "céu dos filósofos"; e é essa distância acontece no contingente mesmo e nos rompe, desloca nossos limites. Não é uma antifilosofia, como Badiou pensa.

Pelo contrário, é a filosofia por excelência para expressar esse real à distância — o real que nos perfura e constitui nossa contingência radical.

O que Hegel chama de "Rodas" ou "Dança"; o "aqui" em *Grundlinien*; o povo dos *Discorsi* de Maquiavel.

---

[155] Anzaldúa, G., *Borderlands / La Frontera*, Capitán Swing Libros, Madrid, 2016, p. 42.

Referências bibliográficas

AA.VV. *The Marx Through Lacan Vocabulary*. Londres: Routledge, 2022.

ANZALDÚA, G. *Borderlands / La Frontera*. Madrid: Capitán Swing Libros, 2016.

APPLETON, T. *The Politics to Come. Para um populismo de singularidades*. Barcelona: NED, 2022.

BROWN, W. *El Pueblo sin Atributos*. Barcelona: Malpaso, 2017.

CASTELLS, M. *El poder de la comunicación*. Madrid: Alianza Editorial, 2009.

ESPINOZA, R. *Hegel y las nuevas lógicas del mundo y del Estado*. Madrid: Akal, 2016.

____________. *NósOutros. Manual para a dissolução do capitalismo*. Milão: Mimesis, 2022. (nova edição).

GRAMSCI, A. *Quaderni del carcere. Volumen secondo. Quaderni 6 — 11 (1930-1933)*. Torino: Einaudi, 2014.

GRIMAL, P. *Diccionario de Mitología Griega y Romana*. Barcelona: Paidós, 1989.

GÓMEZ VILLAR, A. *Os esquecidos: ficção de um proletariado reacionário*. Barcelona: Bellaterra, 2022.

HEGEL, G. W. F. *La constitución de Alemania*. Madrid: Aguilar,1972.

______________. *Fenomenología del espíritu*. Ciudad de México: FCE, 1966.

______________. *Philosophie des Rechts: Die Vorlesung in einer Nachschrift*, Frankfurt a. M. : Ed. Dieter Henrich, 1983, S. 20.

MACCHIAVELLI, N. "Il Principe", en *Niccolò Machiavelli. Tutte le Opere. Secondo l'edizione di Mario Martelli (1971)*. Milano-Firenze: Bompiani, 2018.

______________. "Discorsi sopra la prima deca de Tito Livio". In: *Niccolò Machiavelli. Tutte le Opere. Secondo l'edizione di Mario Martelli (1971)*, op. cit.

MALABOU, C. *El placer borrado. Clítoris y pensamiento.* Adrogué, Santiago: La Cebra, Palinodia 2021.

MEILLASSOUX, Q. *Depois da finitude. Ensaio sobre a necessidade da contingência.* Buenos Aires: Caja Negra, 2021.

NEGRI, A. *El poder constituyente. Ensayo sobre alternativas a la modernidad.* Madrid: Traficantes de Sueños, 2015.

NIETZSCHE, F. "La gaya ciencia". In: *Obras Completas. Volumen III. Obras de Madurez I.* Madrid: Tecnos, 2014.

ZUBIRI, X. *Inteligência Sentiente.* Madrid: Alianza, 1980.

Martin Heidegger entre a ontologia e a política

Alexandre Franco de Sá

Desde que Guido Schneeberger publicou, em 1962, o seu volume *Nachlese zu Heidegger*, coligindo escritos, alocuções, notas, pequenas notícias jornalísticas e outros documentos relativos ao curto período em que Martin Heidegger serviu à Universidade de Freiburg como reitor, entre 1933 e 1934, a questão do seu envolvimento político, particularmente da sua relação com o nacional-socialismo recém-chegado ao poder na Alemanha, tornou-se assunto recorrente nos estudos filosóficos. O tema reapareceu em sucessivas vagas, sempre que novos textos de Heidegger, inéditos ou de publicação recente, pareciam lançar uma luz imprescindível sobre a questão. Foi o caso do livro *Heidegger e o Nazismo*, publicado na França por Victor Farías em 1987, que fazia referência às então inéditas Lições do Semestre de Verão de 1934 — *Lógica: A Pergunta pela Essência da Linguagem*, publicadas nas *Obras Completas* (Gesamtausgabe) de Heidegger em 1998. Invocando tais lições sem qualquer estudo efetivo do seu conteúdo e destituído de suportes documentais que comprovassem sua tese, o livro especulava sobre uma eventual ligação de Heidegger à linha política das SA, neutralizadas por Hitler em 1934, e aproveitava essa hipótese para explicar sua demissão do reitorado.

Em 2005, com a publicação do livro de Emmanuel Faye, *Heidegger: A Introdução do Nazismo na Filosofia*, a questão da relação de Heidegger com o nacional-socialismo ressurgiu com força. O livro seguia o mesmo procedimento de Farías: referia-se a dois seminários só posteriormente publicados, abdicava de um estudo aprofundado do seu conteúdo e aproveitava a atmosfera cultural então prevalente na academia europeia, crescentemente influenciada pela "cultura do cancelamento" de inspiração norte-americana. Movia-se agora contra Heidegger uma espécie de libelo, propondo a expulsão de suas obras das bibliotecas filosóficas.[156] Esse libelo subiria de tom, se tal fosse possível, em 2014, com o início da publicação, nas *Obras Completas*, dos volumes destinados aos *Cadernos Negros*.

Uma nova onda de discussões emergiu, potenciada pelo escândalo diante do alegado "antissemitismo" desvelado pelo uso de expressões como "judaísmo mundial" (*Weltjudentum*). Peter Trawny, editor dos *Cadernos*, publicou, nesse ano, o livro *Heidegger e o Mito da Conspiração Judaica Mundial*, seguido por inúmeras publicações e debates sobre a relação de Heidegger com o judaísmo.

Ao retomar o tema da relação entre o pensamento de Heidegger e a política, o presente artigo não pretende inserir-se diretamente nesse encadeamento de estudos.

Esses estudos, de modo geral, tomam como fio condutor a "visão do mundo" (*Weltanschauung*) nacional-socialista e procuram articulá-la com o que seria a "visão do mundo" subjacente à filosofia heideggeriana. Colocada nesses termos, essa articulação é fácil de desenvolver, mas pouco revela sobre o pensamento filosófico heideggeriano em si.

O mundo desenraizado pela maquinação da técnica moderna, sobre o qual Heidegger medita em sua "história do ser", é" um mundo no qual o ser se manifesta pela sua subtração, num ente que se oferece como totalmente exposto à manipulação, exploração e armazenamento.

---

[156] Escrevi, em 2005, uma recensão desta obra publicada em *Revista Filosófica de Coimbra*, nº 28, vol. 14: https://www.uc.pt/fluc/dfci/public_/publicacoes/indice_28.

Esse mundo corresponde à representação de uma rede planetária unificada, a qual remete para a "mobilização total" que Ernst Jünger retrata eloquentemente no livro *O Trabalhador* (1932) — obra que Heidegger estudou profundamente e à qual dedicou seminários na época. A alusão de ambos a um mundo mobilizado e subordinado à técnica articula-se com a "visão do mundo" do nacional-socialismo, na medida em que este rejeita uma globalização imposta por uma plutocracia mundial sem raízes nem pátria, que tudo nivela e indiferencia — um imaginário simbolizado pela figura de Aasvero, o judeu errante. Mas, em última análise, o que nos dizem essas correspondências sobre a relação entre filosofia e política no pensamento de Heidegger?

Desde cedo, em seu percurso filosófico, Heidegger recusa explicitamente que a filosofia se identifique com a formação de uma "visão do mundo".

Em sua "visão do mundo", — suas primeiras lições em Freiburg, em 1920, ele escreve: "A visão do mundo é uma formação que, segundo seu teor, relação e realização, pertence inteiramente à estrutura fundamental da experiência fáctica da vida" (Heidegger, 1993, p. 10). A filosofia não pode se confundir com a expressão dessa vida. Longe de partir da experiência fáctica da vida ou de ser sua expressão, "a filosofia relaciona-se com a vida fáctica porque encontra nela o lugar onde acontece. A filosofia é compreensão do ser (*Seinsverständnis*), uma abertura ao ser. Nessa medida, ela é um modo de ser (*Seinsweise*), uma forma de o ser acontecer. Mas essa abertura só se dá na "vida fáctica," num "aí", num ente concreto, no plano ôntico. Ao modo de ser da abertura ao ser, Heidegger chama "ser-aí" ou "existência" (*Dasein*). É por isso que, para Heidegger, a filosofia "não é uma "visão do mundo, mas uma ontologia.

O *ser-aí* — caracterizado por— Heidegger como o modo de ser do ente que "nós mesmos somos" e que "de cada vez é meu" (Heidegger, 1977, p. 56) —— acontece sempre no plano ôntico da "vida fáctica.

Essa vida" não se expressa em uma filosofia, nem uma filosofia é sua expressão, mas o plano ôntico é o elo de que a filosofia não pode prescindir e para o qual se dirige como seu fim.

Da vida fáctica do ente que "nós mesmos somos" faz parte a vida política. O ser acontece como ser-aí, sempre convocando um plano ôntico.

Esse acontecer é sempre um "ser-aí-com" (*Mitdasein*).

Ou seja, existência é sempre coexistência (*Dasein* é *Mitdasein*). O tema da relação entre ontologia e política não é circunstancial nem acidental no pensamento heideggeriano. Pelo contrário:

Se a abertura ao ser que a filosofia proporciona é existência, e se existência é sempre coexistência, então:

A ontologia é sempre política. A relação entre ontologia e política é, portanto, um trânsito permanente entre os planos ontológico e ôntico.

Por isso, a análise dessa relação exige uma abordagem em três momentos, que marcarão também o ritmo desta reflexão:

1. Um momento ontológico: compreender o sentido da ontologia —"fundamental de Heidegger" —, que não se desenvolve num plano estritamente ontológico, mas sempre a partir da "vida fáctica e com o plano ôntico como "fim.
2. Um" momento estritamente ôntico: abordar a política concreta da vida fáctica, situando Heidegger no contexto da transição da República de Weimar para o nacional-socialismo em 1933.
3. Um momento ôntico-ontológico: considerar não apenas a ontologia remetendo ao plano ôntico da política, nem apenas a política concreta, mas a política como "metapolítica.

Esse terceiro plano revelará a política, no pensamento de Heidegger, como "metapolítica", e mostrará como "a filosofia se cumpre enquanto filosofia ao preparar esse "fim".

Como escreve Heidegger em 1932, aludindo ao "fim da filosofia: "*O fim da 'filosofia'*. Temos de trazê-la ao fim e, com isso, preparar o completamente outro — metapolítica" (Heidegger, 2014, p. 115).

1. Ontologia e metaontologia: o lugar da ética e da política na ontologia fundamental

A ontologia fundamental, concebida por Heidegger nos últimos anos de suas lições e atividades em Marburgo e elaborada inicialmente na publicação de *Ser e Tempo* (1927), apresenta-se como um duplo movimento: a construção de uma ontologia fenomenológica e a destruição da ontologia tradicional.

Essa destruição, conforme explica Heidegger, deve ser entendida no sentido de uma desmontagem ou desconstrução (*Destruktion*) da ontologia tradicional (Heidegger, 1977, p. 30). Construção fenomenológica e destruição pertencem-se inexoravelmente, pois a ontologia fenomenológica, formulada dentro daquilo que Heidegger chama, em sua *Carta sobre o Humanismo*, de "linguagem da metafísica" (Heidegger, 1976, p. 328), tornar-se-ia impotente para expressar a "viragem" (*Kehre*) necessária para se afastar dessa mesma metafísica.

Esclareçamos, antes de mais nada, em que consiste essa "viragem" e por" que ela exigiria uma outra linguagem.

A metafísica tradicional opera com juízos determinantes, buscando, a partir deles, determinar os entes, hierarquizá-los e agrupá-los segundo sua identidade.

Por exemplo, no juízo "o lobo é um animal", "pretende-se dizer "o que" esse ente é.

Esse juízo pressupõe:

1. A existência de um grupo de entes (— os animais), dentro do qual — os lobos se inserem devido a suas características.
2. A distinção entre esses entes e outros, que não são seres vivos, como cadeiras ou pedras. O ser, expresso no "é" desse juízo, pressupõe a determinação do ente a que se refere: ele visa responder à pergunta "o que é?" (τί ἐστι; *quid est*?).

Essa pergunta já assume que o ser é compreendido como identidade, uma presença constante subjacente às mudanças pelas quais o ente passa, fornecendo-lhe sua substancialidade (οὐσία, *substantia*).

Diante dessa concepção tradicional do ser como substância, a ontologia fundamental propõe uma abordagem diferente: Ela subverte os limites da linguagem metafísica e dos juízos determinantes. Considere, por exemplo, o juízo "esta caneta é um instrumento de escrita".

Para Heidegger, à luz de uma ontologia fenomenológica, esse juízo não deve ser entendido como uma mera classificação do ente dentro de um conjunto de entes idênticos ou semelhantes.

Em vez disso, ele expressa a remissão desse ente a uma relação com o mundo — ou seja, sua inserção numa estrutura de relações (*Um-zu*), na qual articulam-se o papel onde se escreve, o conteúdo escrito, quem escreve, etc.

O ser da caneta revela-se na instrumentalidade, no modo como ela está à mão para quem escreve. Heidegger nomeia esse modo de ser "estar-à-mão" (*Zuhandenheit*). Assim, o "estar-à-mão" é o ser da caneta, e, portanto, pode-se dizer: "A caneta é estar-à-mão". "No entanto, esse juízo não é uma determinação ôntica da caneta — ele não define o que ela é, mas indica o modo como o ser" se manifesta nesse ente.

Esse modo de ser pode mudar.

Se a caneta estragar ou deixar de escrever, deixando de ser um mero instrumento para se tornar um objeto de atenção, outro modo de ser se manifesta: Seu "estar-à-mão" (*Zuhandenheit*) dá lugar ao seu "estar-presente" (*Vorhandenheit*).

O "estar-presente" "também é um modo de ser, mas sua manifestação ocorre quando o uso da caneta é interrompido.

Portanto, um ente é presente (*Vorhandenes*) não porque tenha essa "determinação ôntica, mas porque o "estar-presente" é um modo de ser que se manifesta nele.

O modo de ser que compreende o ser, abrindo-se às suas modalidades, é aquilo que Heidegger chama de "existência" ou "ser-aí" (*Dasein*).

Esse modo de ser manifesta-se em nós mesmos, pois somos — "o ente que nós mesmos somos" — ou seja, somos sempre — "ser-no-mundo" (*In-der-Welt-sein*).

Não há um "eu" prévio que se relacione posteriormente com o mundo; pelo contrário, a relação com o mundo é originária.

A ontologia fundamental, partindo dessa "compreensão do ser", realiza-se como analítica da existência, articulando os modos de ser do ente no seu todo (*Seiendes im Ganzen*).

Essa analítica busca constituir uma "metafísica originária", articulando os planos ontológico e ôntico.

A essa remissão recíproca entre os planos, Heidegger, em suas últimas lições em Marburgo antes de retornar a Freiburg em 1928, chama "viragem" (*Kehre*) (Heidegger, 1978, p. 201).

Ele descreve essa viragem como:

> Por isso, explicando a ontologia fundamental como "a tendência para uma mudança metafísica originária" (*die Tendenz zu einer ursprünglichen metaphysischen Verwandlung*) (Heidegger, 1978, p. 199).

Aqui,), Heidegger fala de uma μεταβολή", uma "inversão" (*Umschlag*) pela qual os planos ontológico e ôntico giram sobre si mesmos e se remetem mutuamente: "A partir daí dá-se a necessidade de uma problemática peculiar que tem agora por tema o ente no seu todo. Este novo questionamento encontra-se na própria essência da ontologia e dá-se a partir da sua inversão, da sua μεταβολή. Designo esta problemática como *metaontologia*. E aqui, na área do perguntar metaontológico-existencial, está também a área da metafísica da existência [*Metaphysik der Existenz*] (só aqui se pode colocar a questão da ética)" (Heidegger, 1978, 199).

A viragem entre ontologia fundamental e metaontologia permite compreender o modo como filosofia e ética se podem articular. A ontologia fundamental consiste na abordagem do ente no seu todo a partir dos modos de ser que se manifestam na abertura do ente cujo modo de ser é compreensão do ser ou ser-no-mundo. A dimensão ôntica do ente que nós mesmos somos, a existência ou vida fáctica, é o fundamento no qual uma tal abertura acontece. Assim, a ontologia fundamental não pode ter lugar senão numa metaontologia que envolve sempre a consideração da vida fáctica e a prática da existência — aquilo que Heidegger designa sob o título de "ética""ética").

Essa 'ética' é sempre a base onde a filosofia se realiza e o " não surge num segundo momento em relação à ontologia fundamental; ela já está implicada na viragem metaontológica.

Assim, a "questão da ética" só pode ser colocada no quadro da viragem metaontológica, e não numa abordagem estritamente ôntica. A pergunta pela ética, a "questão da área metaontológica-existencial" (*Bezirk des metontologisch-existenziellen Fragens*), pressupõe o desenvolvimento "da ontologia fundamental. Tal significa que ela se desenvolverá sempre no quadro de uma metaontologia como aquilo a que, nas mesmas lições de 1928, Heidegger chama "ôntica metafísica" (*metaphysische Ontik*) (Heidegger, 1978, p. 201).

O modo de ser que consiste em "compreender o ser" e estar a ele aberto, a abertura do ser-aí ao ser, traduz-se numa existência fáctica que tem de ser abordada metaontologicamente. Heidegger chama ao compreender do ser um "fenómeno originário" (*Urphänomen*) — o fenómeno de que "o ente "homem" compreende ser" (*daß das Seiende >Mensch< Sein versteht*) (Heidegger, 1978, 199) — e é este fenómeno originário que, dando origem à ontologia fundamental, inclui como seu fim a existência ou "vida fáctica" como seu lugar próprio. Deste lugar da existência ou "vida fáctica" faz parte a "vida política" na medida em que, como já se disse atrás, ser-aí é "co-ser-aí" ou "ser-aí-com"; ser-no-mundo é ser-no-mundo com os outros; existência é coexistência (*Dasein* é *Mitdasein*). Como escreve Heidegger em *Ser e Tempo*: "O mundo do ser-aí é *mundo-com*. O ser-em é *ser-com* com outros. O ser-em-si intramundano destes é *ser-aí-com*". (Heidegger, 1977, p. 159).

A coexistência constitutiva da existência, o ser-aí-com enquanto estrutura do ser-aí, desvelado pela metaontologia da existência, que não poderia deixar de conduzir a analítica do ser-aí para uma "metapolítica". na qual a história e a vida fáctica do ser-aí — o ser-aí considerado como povo — seriam o ponto onde desembocaria uma análise da existência. Daí que Heidegger anote, nos *Cadernos Negros*: "A metafísica do ser-aí tem de se aprofundar e estender, segundo sua mais íntima articulação, numa metapolítica '*do*' povo histórico". (Heidegger, 2014, p. 124).

Mas que sentido teria a ideia de aprofundar e estender na área da política, e enquanto metapolítica, a "metafísica do ser-aí"? Como se poderia empreender este aprofundamento e extensão? A resposta a esta pergunta não pode deixar de começar por pensar a vida política — ou seja, a vida fáctica da coexistência — na sua facticidade. À coexistência fáctica que constitui a vida política chama-se povo. O povo é, portanto, a coexistência pensada facticamente. A análise da coexistência do povo, enquanto metapolítica, pressupõe sempre a referência àquilo que Heidegger, ao explicar o conceito de ontologia fundamental, chama a viragem metaontológica para "existência fáctica do ser-aí" (*die faktische Existenz des Daseins*) (Heidegger, 1978, p. 199).

Torna-se, então, necessário, para dar conta desta viragem e traçar a relação entre ontologia e política, dar dois passos subsequentes. Por um lado, é necessário abordar a vida política fáctica do povo alemão, de maneira a pensar o conceito de povo com o qual, na sua referência à "coexistência fáctica", Heidegger não poderia deixar de lidar. Por outro lado, a partir deste plano ôntico, é preciso mostrar de que forma Heidegger o aborda situando a política no plano metaontológico de uma "metapolítica".

2. A política na Alemanha entre 1932 e 1934: o conceito de povo entre o colapso da República de Weimar e a ascensão do nacional-socialismo

A vida política, fáctica e concreta, é o lugar onde a abertura do ser-aí ao ser, que é sempre coexistência (*Mitdasein*), se realiza. É por ser-aí-com que essa abertura ocorre. Isso significa que a abertura ao ser, que constitui o ser-aí, pressupõe que este seja, em sua essência, relação. Esse caráter relacional fundamenta a concepção da existência como coexistência, seja a de uma geração num tempo comum, seja a de um povo na terra que habita. Em *Ser e Tempo*, Heidegger trata a existência, enquanto coexistência, como resolução para ser si mesmo em sentido próprio ou autêntico, a partir da assunção de uma herança (*Erbe*). Isso se apresenta como um retorno a si mesmo, ao estar-lançado (*Geworfenheit*) no mundo, dentro de uma coexistência que lhe abre as possibilidades herdadas dessa condição:

> A resolução em que o ser-aí regressa a si mesmo abre as respectivas possibilidades fácticas do existir autêntico a partir da herança, que ele assume enquanto lançado. (Heidegger, 1977, p. 507).

Tais possibilidades conferem à coexistência um destino arrebatador, um destino do povo e da geração, diante do qual cada indivíduo é impotente:

> Se o ser-aí no seu destino existe, como ser-no-mundo, essencialmente no ser-com com outros, o seu acontecer é um co-acontecer e determina-se como um *fado*. É assim que designamos o acontecer da comunidade, o povo. (Heidegger, 1977, p. 508).

Esse acontecer (*Geschehen*) é história (*Geschichte*). A abertura ao ser, que caracteriza o ser-aí enquanto modo de ser e se dá na coexistência, adquire, assim, a dimensão fáctica de um povo que, enquanto história, é um fado ou destino comum ao qual a existência está entregue:

> No ser-um-com-outros no mesmo mundo e na resolução para determinadas possibilidades, já estão os destinos, de antemão, conduzidos. Só na partilha e no combate é que o fado se torna livre. O fado do ser-aí, no seu destino, na e com a sua 'geração' constitui o acontecer pleno, autêntico do ser-aí. (Heidegger, 1977, p. 508).

A coexistência dentro de um povo ou de uma geração não é uma qualidade individual pela qual se possa caracterizar um sujeito; não é o povo ou a geração que pertence ao indivíduo, mas o indivíduo que, sendo a existência sempre coexistência, pertence ao seu povo ou à sua geração.

É a partir da concepção de povo como "coexistência" que Heidegger analisará a política fáctica da Alemanha no período entre as duas Guerras Mundiais. A República de Weimar, estabelecida após a derrota de 1918 como uma democracia parlamentar defensora de direitos cívicos, políticos e sociais, pressupunha uma determinada visão do povo alemão. Nessa concepção, o povo não era definido segundo o modo de ser do "ser-aí" (*Dasein*), em sua coexistência, mas segundo o modo de ser da "presencialidade, isto é, como" um simples "estar-aí," uma substância presente (*Vorhandenheit*).

Na Constituição de Weimar, o povo, democraticamente apresentado como "soberano," não passava de um nome abstrato atribuído a uma soma de indivíduos. Em nenhum momento, na fundação da República, mencionava-se a coexistência ou a comunidade do povo como "ser-aí-com". Para Heidegger, ao reduzir o povo a uma presença abstrata do poder constituinte e concebê-lo como um mero conjunto de indivíduos cujas relações seriam acidentais, a República de Weimar resultava numa forma política incapaz de proporcionar a abertura ao ser que, no ser-aí-com, se realiza. Sua concepção de povo representava, assim, um esquecimento do ser desse mesmo povo, um esquecimento do ser-aí-com e da abertura ao ser que constituiria a própria essência do coexistir (*Mitdasein*).

Em *Ser e Tempo*, Heidegger refere-se ao esquecimento do próprio ser, no ser-um-com-outros quotidiano, como um nivelamento de todos, uma indiferenciação entre os indivíduos, uma dissolução de cada um na impessoalidade do "se" (*das Man*), que rege o cotidiano. Esse "se" é o verdadeiro protagonista de tudo o que se diz e pensa numa sociedade onde não se coexiste, mas na qual todos se reduzem à condição de indivíduos isolados, cuja relação é mediada por uma vida pública dominada pelo entretenimento mediático, pela mobilização tecnológica e pela propaganda. Como escreve Heidegger:

> Na utilização dos meios de transporte públicos, no emprego das notícias (jornal), cada outro é como o outro. Este ser-um-com-outros dissolve completamente o ser-aí próprio na espécie de ser 'dos outros', de tal modo que os outros, na sua diferencialidade e expressividade, ainda desaparecem mais. [...] Nesta imperceptibilidade e indetectabilidade, o se desenrola a sua autêntica ditadura. Fruímos e desfrutamos como *se* frui; lemos, vemos e julgamos sobre literatura e arte como *se* vê e julga; mas também nos retiramos da 'grande multidão' como *se* retira; achamos "revoltante" o que *se* acha revoltante" (Heidegger, 1977, p. 169).

O povo da República de Weimar é indiscernível desse se, que "não é este nem aquele", mas no qual cada um se dissolve, dizendo o que se diz e fazendo o que se faz.

Mas não é apenas a vida pública do povo enquanto "se" que se manifesta na República de Weimar. Nela estão também presentes e digladiam-se entre si duas outras concepções de povo. Por um lado, desafiando a noção de um povo como soma de indivíduos dotados dos mesmos direitos, típica do constitucionalismo liberal da República de Weimar, o Partido Comunista concebia o povo como proletariado e, em linha com a identificação do povo como classe, pretendia transformar a Alemanha num Estado bolchevista, de acordo com o modelo da Revolução soviética de 1917. Por outro lado, o Partido Nacional-Socialista dos Trabalhadores Alemães, que crescera exponencialmente desde que falhara um golpe de Estado na Baviera em 1923, invocava também uma concepção socialista de povo. Mas o povo era agora definido não como proletário, no contexto da dialéctica da luta de classes entre proletariado e *bourgeoisie*, mas como comunidade de base étnica e racial. Ambos os partidos se manifestavam contra o povo nivelado e disperso na vida pública da República de Weimar. Ambos se contrapunham à República de Weimar enquanto democracia parlamentar, assente no pluralismo de partidos e em direitos individuais. Ambos se enfrentavam nas ruas com as suas milícias paramilitares próprias, em nome das respectivas "visões do mundo". Mas ambos se articulavam no Parlamento, descredibilizando o Governo, instabilizando a situação política e tornando comum, na vida política alemã, a ideia de que uma mudança seria inevitável.

O ano de 1932, marcado por três eleições — uma eleição presidencial e duas parlamentares — e por um golpe de Estado — o golpe de 20 de Julho pelo qual, em nome da estabilidade das ruas e sob as medidas excepcionais possibilitadas pelo art. 48º da Constituição, o Presidente Hindenburg afasta o Governo da Prússia, substituindo-o pelo Chanceler von Papen enquanto Comissário do Reich —, é aquele em que, na vida política da Alemanha, se manifesta de forma mais viva a necessidade de repensar a sua vida comunitária. Neste contexto, as eleições parlamentares de 31 de Julho conduzem a um aumento significativo da representação parlamentar nacional-socialista, fazendo com que no Reichstag — o parlamento — houvesse uma maioria de deputados nacionais-socialistas e comunistas, ou seja, uma maioria de deputados hostis não apenas ao Governo conservador de von Papen, mas à concepção de povo pressuposta pela República. Diante da situação de ingovernabilidade que se avizinhava, von Papen, sobretudo pelas diligências do seu Ministro do Interior, Wilhelm von Gayl, junto do Presidente Hindenburg, tenta, em Agosto de 1932, a possibilidade de uma dissolução imediata do Parlamento recém-eleito, e da formação de um Governo sem apoio parlamentar, usando medidas excepcionais de emergência, à luz do art. 48º da Constituição, para o não cumprimento do preceito constitucional da obrigação de convocar eleições nos dois meses subsequentes à dissolução. (Berthold, 1999)

Por falta de apoio dos Partidos da chamada "coligação de Weimar", os sociais-democratas, os centristas democratas-cristãos e os liberais, o plano proposto pelo Governo de von Papen falha. São marcadas novas eleições para o dia 6 de Novembro e após estas, sem alterações significativas na composição do parlamento, o problema da governabilidade persiste. Depois do

Governo de curta duração do General Kurt von Schleicher, que não conseguiu encontrar o necessário suporte parlamentar, a solução para um Governo viável consistirá na nomeação de Adolf Hitler como Chanceler, a 30 de Janeiro de 1933. Tratar-se-á de um Governo em que o conservador von Papen, em vez de regressar à Chancelaria, ocupará apenas o cargo de Vice-Chanceler. A partir da nomeação de Hitler como Chanceler e de von Papen como Vice-Chanceler, o Partido Nacional-Socialista adquire um estatuto ambíguo. Seria possível encarar de dois modos o seu futuro e o que significava a escolha de Hitler para a chefia do Governo. Seria possível, em primeiro lugar, ver nesta escolha a transformação do Partido Nacional-Socialista num partido institucional, que reforçaria a autoridade política do Estado contrapondo-se às forças que, como os comunistas, almejavam derrubá-lo ou ocupá-lo para o subordinar ao Partido. Em segundo lugar, a chegada de Hitler ao poder poderia também ser encarada como uma transformação mais funda, como uma verdadeira revolução em que se abriria para a Alemanha a possibilidade de aceder a uma nova visão do povo e a uma renovada comunidade política. É nesta segunda visão que Heidegger, cruzando a concepção do povo como ser-aí-com (*Mitdasein*) com as proclamações nacionais-socialistas em torno de uma comunidade de povo (*Volksgemeinschaft*), se inscreve.

A nova vida política da Alemanha estaria ainda por caracterizar, mas, para Heidegger, não poderia deixar de abrir a possibilidade de uma política levada a cabo à luz do ser do povo compreendido como ser-aí-com ou "coexistência". Heidegger, porém, sabe que o nacional-socialismo, enquanto movimento político, não tem sequer consciência desse ser. Na sua análise, o nacional-socialismo consistiria no ponto culminante em que a metafísica moderna do sujeito, que encontrara no eu cartesiano o "fundamento inabalável" de toda a verdade, atingia a "vontade de domínio" de Nietzsche. A redução do mundo a esta vontade estaria na base do desenvolvimento da técnica moderna, da "fuga dos deuses" e da redução dos entes a manifestações de um ser que acontece como despojamento dos entes, ou seja, como exposição dos entes ao seu desafio e armazenamento, à sua manipulação, mobilização e exploração pela vontade de poder de uma técnica moderna que se estende planetariamente.

É neste ponto culminante da modernidade que se encerra seu maior perigo. Heidegger vê nesse perigo a "verdade e grandeza interiores" (Heidegger, 1983, p. 208) do movimento nacional-socialista, o qual consistiria, como escreve nas lições de 1935, intituladas *Introdução à Metafísica*, "no encontro entre a técnica determinada planetariamente e o homem do século XIX" (Heidegger, 1983, p. 208).

A ideia da "verdade e grandeza interiores" não seria compreendida por uma "filosofia do nacional-socialismo", situada no âmbito de uma filosofia dos valores, na qual o valor supremo já não seria o homem individual, mas sim o homem social, agora visto sob a forma coletiva da "comunidade de povo" ou da raça. Justamente por essa "verdade e grandeza interiores" permanecer desconhecida, Heidegger considera necessário pensá-la, não apenas no perigo que representa, enquanto ápice da modernidade, mas também na possibilidade de salvação que, segundo ele, emerge desse mesmo perigo. É nesse contexto que ele se apropria do verso de Hölderlin, tornado famoso pela conferência *A Questão da Técnica*: "Onde houver perigo / Cresce também o que salva" (*Wo aber Gefahr ist, wächst / Das Rettende auch*) (Heidegger, 2000a, p. 29).

Ao interpretar a ascensão do nacional-socialismo como um perigo que ocultaria em si a possibilidade de salvação, Heidegger busca concebê-lo como uma metapolítica. Ele o faz em dois planos essenciais. Por um lado, seria necessário se opor àqueles que viam no nacional-socialismo uma simples restauração da governabilidade e da autoridade do Estado, em meio a uma República de Weimar ameaçada pelo fanatismo revolucionário. Essa perspectiva, segundo ele, perderia inteiramente o verdadeiro sentido do movimento, não alterando em nada a concepção liberal do povo como uma massa de indivíduos que, conforme os pressupostos da República, deveriam ser governados por um poder soberano que lhes fosse imposto.

Por outro lado, ao alinhar-se ao nacional-socialismo que assumia o poder, Heidegger acreditava ser necessário despertá-lo para sua "verdade e grandeza interiores", tornando-o consciente não apenas do perigo que carregava, mas também da possibilidade de salvação que dele poderia emergir. Isso implicava demonstrar que o nacional-socialismo, por ser— a culminância da vontade de domínio da técnica em sua expansão planetária —, corria o risco de levar ao extremo a metafísica moderna do sujeito.

No nacional-socialismo, já não era o homem concebido abstratamente como indivíduo que ocupava o centro, mas sim o homem concreto, definido etnicamente como raça. Essa mudança representaria, à primeira vista, uma superação do liberalismo. No entanto, para Heidegger, tratava-se apenas de uma inversão dentro da mesma estrutura metafísica do sujeito moderno. A concepção do povo como raça e da raça como valor supremo não seria, portanto, o oposto do liberalismo, mas sim uma forma invertida deste — um liberalismo ao contrário.

Como exemplo daqueles que viam no nacional-socialismo apenas uma restauração da governabilidade e da autoridade estatal, Heidegger aponta Carl Schmitt. Sua tentativa de conceber o novo Estado não como domínio sobre o povo, mas como expressão do próprio ser desse povo, se dirige sobretudo contra ele.

Já entre os que concebiam o povo como raça e a raça como valor supremo, Heidegger menciona diversos literatos e expoentes da cultura alemã da época, destacando-se, entre eles, Alfred Rosenberg, dirigente e intelectual nacional-socialista. Rosenberg havia publicado, em 1930, *O Mito do Século XX*, um best-seller no qual consolidava a doutrina racial nacional-socialista. Heidegger o critica explicitamente em suas lições, abordando o tema da linguagem. Rosenberg descrevia a linguagem como expressão da "alma da raça" ou da "alma do povo" (Heidegger, 1989, p. 26). Para ele, o povo seria um valor supremo, cuja proteção caberia ao Estado e ao Partido, e que encontraria na sua língua, na sua cultura e na sua raça a expressão de sua essência. Isso representaria, para Heidegger, o auge da metafísica do sujeito, pois reduzia a "essência" do povo a uma substância subjacente à sua manifestação.

No entanto, segundo Heidegger, não seria a linguagem que pertenceria ao povo como expressão de sua essência, mas sim o povo, em sua coexistência, que pertenceria à linguagem e estaria exposto ao seu poder.

3. Da política à metapolítica: ser e ente, Estado e povo

Em 1932, Carl Schmitt tinha-se envolvido ativamente na campanha contra o voto maciço no Partido Nacional-Socialista, advertindo em artigos de jornal contra os perigos de colocar a governabilidade da Alemanha inteiramente na dependência de um partido ainda politicamente imaturo e cuja "visão do mundo" era, tendo em conta os seus antecedentes, hostil à Constituição. Ao mesmo tempo, os "barões" conservadores do Governo de von Papen já não lhe pareciam uma alternativa credível, sobretudo diante de um Partido Comunista Alemão, pró-soviético e pronto não apenas a usar o Parlamento para minar as instituições, mas a instabilizar as ruas de Berlim (Noack, 1996, 143). Por isso, os seus diários dão conta da tristeza, preocupação e até depressão com que acompanhou a impotência do Governo de Schleicher e os acontecimentos de janeiro de 1933. Neles ecoa a frustração com o Presidente Hindenburg — "Schleicher demite-se, vêm Papen ou Hitler. O velho senhor endoideceu" (Sexta-feira, 27-01-1933) — e a ideia de que, apesar dos seus perigos, a escolha de Hitler para Chanceler e de Papen para Vice-Chanceler, e não o contrário, seria um mal menor, abrindo a possibilidade de converter o Partido Nacional-Socialista num movimento capaz de garantir, apesar de tudo, a autoridade política do Estado: "Fui ao Café Kutschera onde ouvi que Hitler se tornou Chanceler e Papen Vice-Chanceler. Entusiasmado, contente, feliz" (Segunda-feira, 30-01-1933) (Schmitt, 2010, 256-257). Significando a possibilidade de recuperar a autoridade perdida do Estado, a chegada de Hitler à Chancelaria exigiria, para Schmitt, o esforço intelectual de interpretar o sentido do nacional-socialismo no quadro de uma articulação renovada entre Estado e povo. É a este esforço que se vai entregar em 1933.

Para uma perspectiva metapolítica da vida política alemã, para a qual o povo deveria ser pensado como abertura ao ser, como uma coexistência que proporcionaria ao homem essa abertura, a expectativa de uma simples recuperação da autoridade do Estado, no seio da República de Weimar, não poderia deixar de ser muito insuficiente. Sê-lo-ia, desde logo, porque a autoridade do Estado não seria efetiva se não correspondesse a uma transformação radical da própria política, uma transformação pela qual o povo se conquistasse a si mesmo como verdadeira coexistência, como ser-aí-com (*Mitdasein*). Isso significaria também a necessidade de contrariar a concepção nacional-socialista do povo alemão como raça ou etnia, mostrando como essa concepção em nada alteraria a representação liberal do povo como uma soma de indivíduos. A Constituição de Weimar, como constituição liberal, pressupunha o povo como o resultado de um somatório de vontades individuais. O nacional-socialismo, pensando o povo como um sujeito coletivo ao qual os indivíduos se teriam de sacrificar, não seria senão uma inversão dessa representação liberal da vontade; ou seja, um liberalismo invertido que, nessa medida, participaria da sua própria essência.

A partir de 1932, Heidegger explora essa concepção de liberalismo sobretudo mediante a abordagem do livro de Ernst Jünger *O Trabalhador*, publicado nesse mesmo ano. Nesse livro, Jünger procura encontrar no conceito de "trabalhador" a ultrapassagem de uma "era liberal" assente no indivíduo enquanto sujeito sem vínculos que mobilizaria o mundo colocando-o ao seu serviço. Para Jünger, no mundo da "mobilização total" que a Grande Guerra de 1914-1918 inaugurara, o homem já não seria um "indivíduo" (*Individuum*), mas um "singular" (*Einzelnes*), em que se cunhara a "figura" (*Gestalt*) do trabalhador e se expressaria a mobilização técnica do mundo mediante um "caráter total do trabalho" (*totaler Arbeitscharakter*). Com essa expressão, Jünger, dizia Heidegger, embora não alcançasse o enquadramento ontológico capaz de verdadeiramente pensá-lo, ignorando a abertura enquanto modo de ser e reduzindo o vínculo entre trabalhador e mundo a uma relação de dominação (*Herrschaft*), teria compreendido que o "trabalhador" só dominaria o mundo se deixasse de se conceber como sujeito que o domina. Assim, aquilo a que Jünger chama o "caráter total de trabalho" encerraria a metafísica da era do sujeito. Desembocando no caráter total do trabalho, a metafísica do sujeito manter-se-ia apesar da sua inversão. Ou seja, para Heidegger, o pensamento de Jünger manteria a estrutura metafísica de uma relação de dominação, mas nele o sujeito dominante sê-lo-ia agora enquanto dominado; a relação de domínio giraria sobre si mesma para manter a mesma estrutura.

Assim, para Jünger, na era do trabalhador, mantém-se a estrutura de uma relação de domínio entre dominante e dominado. No entanto, já não é o sujeito que domina o mundo através do trabalho e da mobilização técnica, mas agora são o trabalho e a técnica que, assumindo a condição de sujeitos mobilizadores, dominam o homem ao serviço do qual se colocavam. Em outros termos, já não é o trabalho que pertence ao homem enquanto sujeito que o domina, mas agora é o homem que pertence ao trabalho e que é, nesse sentido preciso, "trabalhador". Para Heidegger, pelo contrário, a superação da metafísica do sujeito implicaria não a inversão da relação entre ambos, mas a inversão do caráter de dominação dessa relação. Daí que, nos seus seminários em torno de *O Trabalhador* de Jünger, Heidegger insista em que esse mesmo trabalhador não deveria ser pensado, na sua essência, como um sujeito que mobiliza e domina o mundo. E se Jünger ainda o pensaria dessa forma, Heidegger estende a sua objecção à concepção nacional-socialista de povo. Se o nacional-socialismo pretendia ultrapassar o liberalismo ao colocar o povo — e não o mero indivíduo — como sujeito que, dominando-o, serve de medida ao ente no seu todo, Jünger permitiria compreender, com o seu conceito de trabalhador, que liberalismo e nacional-socialismo partilhariam uma mesma essência, assente na concepção moderna de um sujeito que domina o ente no seu todo. A estrutura metafísica do pensamento de Jünger, partindo essencialmente do ponto culminante da metafísica moderna que a "vontade de poder" de

Nietzsche anuncia, permite compreender esta partilha. Daí que, nos seus seminários sobre Jünger, diante da concepção nacional-socialista de povo como uma comunidade étnica ou racial subjacente aos indivíduos que lhe pertencem, Heidegger possa dizer:

> O homem não é menos sujeito, mas é-o mais essencialmente quando se concebe como nação, como povo, como raça, como uma humanidade que se estabelece sobre si mesma. Aqui deve ser notado particularmente que também e precisamente o pensamento da raça só é possível na base da subjectividade.(Heidegger, 2004, 38).

A recusa de pensar o povo como raça é persistente nos textos de Heidegger dessa época, e sua concepção como ser-aí-com, na sua abertura ao ser, ecoa sobretudo na meditação em torno da linguagem e, em particular, da poesia de Hölderlin. Seu melhor exemplo encontra-se porventura no primeiro curso que lhe dedica, no Semestre de Inverno de 1934-35, quando abandonara já as responsabilidades reitorais e a Universidade de Freiburg se preparava para receber a visita de um poeta e ensaísta apoiado ostensivamente pelo regime, o escritor austríaco Erwin Guido Kolbenheyer. Na ocasião da visita, evocando a definição que este dava da poesia como "função biologicamente necessária do povo", manifestação da sua vida e da sua raça, Heidegger afirma depreciativamente:

> Não é preciso muito entendimento para notar: isso também vale para a digestão, também ela é uma função de um povo biologicamente necessária, e até de um povo saudável. Quando Spengler capta a poesia como expressão da respectiva alma da cultura, isso vale também para a produção de bicicletas e automóveis. Isso vale em relação a tudo, isto é, isso não vale nada. (Heidegger, 1980, 27).

Essa concepção de poesia, patrocinada pela política cultural nacional-socialista, encontrava suas raízes no século XIX e no conceito de povo como sujeito, entendido como um ente vivo que se expressaria numa linguagem, numa cultura e numa "visão do mundo". Para Heidegger,

> Este modo de pensar não se baseia na superficialidade ocasional e na incapacidade de pensar de alguns indivíduos, mas tem os seus fundamentos essenciais no tipo de ser do homem do século XIX e da modernidade em geral. Se algo pode e tem de ser descrito com o título muito mal usado de >liberalista< é este modo de pensar. (Heidegger, 1980, 27-28).

A concepção de povo como uma substância étnica, como um sujeito que se expressa numa vivência cultural e numa linguagem, corresponde, para Heidegger, a um modo de pensar liberal: "Este modo de pensar é em si o cumprimento de um modo de ser completamente determinado do homem >liberal<" (Heidegger, 1980, 28). O "homem liberal" compreender-se-ia como sujeito, seja esse sujeito individual ou coletivo. Ele seria, enquanto sujeito, um feixe de vivências que o determinariam na sua identidade substancial e que se expressariam na linguagem e na poesia. Daí que Heidegger escreva:

> Pode-se conceber estas vivências como vivências de um indivíduo singular — de forma individualista — ou como expressão de uma alma das massas — de forma coletivista — ou, com Spengler, como expressão de uma alma da cultura ou, com Rosenberg, como expressão de uma alma da raça ou como expressão de uma alma do povo. Todas estas concepções de poesia, em parte ainda misturadas umas com as outras, movem-se num e no mesmo modo de pensar. Se em vez dos indivíduos se puser as massas, em vez das massas cultura, ou em vez de cultura raça ou mundo, nada muda em relação à representação fundamental que é diretriz. (Heidegger, 1980, 26-27).

Afastar-se desse modo de pensar "liberal" — um modo de pensar que Heidegger diz estar presente tanto num autor celebrado como Oswald Spengler como num destacado mentor do nacional-socialismo como Alfred Rosenberg —, no qual a linguagem surgia como expressão da natureza e da vivência do sujeito, implicaria inverter a relação deste com a linguagem. Se o ser-aí for abertura e compreensão do ser, e se não for tomado como um sujeito ou uma substância fechada sobre si mesma na sua identidade, a linguagem — e, particularmente, a poesia — não será expressão dessa identidade ou vivência; será a força que arrebatará o ser-aí e lhe proporcionará essa mesma abertura. Por isso, a linguagem não pertence ao ser-aí, mas o ser-aí à linguagem. Tal como a poesia não é expressão da vivência de um povo, da sua raça e da sua cultura, mas é a abertura na qual o mundo desse povo, enquanto ser-aí (*Dasein*), acontece como ser-aí-com ou coexistência (*Mitdasein*).

Para Heidegger, além dos poetas e dos pensadores, a quem cabe abrir o ser para o ser-aí da coexistência, abrindo o mundo dessa coexistência mediante a linguagem, há também que pensar a política capaz de articular tal abertura. Os poetas e os pensadores são os fundadores do povo enquanto ser-aí. São os fundadores da pátria na medida em que o povo adquire consciência de si através deles. Mas não estão sozinhos nessa fundação. Além deles, nas mesmas lições de 1934-35, Heidegger invoca a política do "fundador do Estado" (*Staatsgründer*):

> O ser é poeticamente instituído, pensadamente articulado e colocado no saber, e, na ação do fundador do Estado, enraizado na terra e no espaço histórico. Este ser histórico do povo, a pátria, está encerrado em mistério, essencialmente e sempre. (Heidegger, 1980, 120).

Juntamente com o poeta (Dichter) e o pensador (Denker), o "criador do Estado" (Staatsschöpfer) tem por missão fazer com que "o povo seja trazido para si mesmo como povo" (Heidegger, 1980, 144). É essa, segundo Heidegger, a essência do Estado: abrir o mundo político do povo e despertá-lo enquanto comunidade, coexistência, ser-aí-com. Para tal, como acontece com o povo, também o Estado não pode ser compreendido a partir de uma metafísica baseada no sujeito, tomado como presença situada acima do povo, dominando-o e colocando-o sob a sua alçada. Longe de aparecer como sujeito dominante, dotado de poder supremo face ao povo, o Estado é, para Heidegger, o próprio ser do povo, na medida em que só como Estado pode o povo ser consciente de si mesmo, ou seja, constituir-se a si mesmo, no seu "aí", como coexistência ou ser-aí-com.

Heidegger estabelece assim a equação que permite tornar compreensível a sua tentativa de, nesta época, esboçar uma metapolítica a partir da rejeição de uma ontologia assente na metafísica do sujeito. Segundo esta metapolítica, o Estado está para o povo como o ser está para o ente. Como afirmará abertamente num seminário de 1933, de que apenas nos chegaram protocolos:

> Assim como o ente homem é consciente do seu ser-homem, de como se relaciona com ele e se ocupa dele, assim também o ente povo tem uma relação fundamental de saber ao seu Estado. O povo, o ente que efectiva no seu ser o Estado, sabe acerca do Estado, ocupa-se dele e quere-o. Tal como qualquer homem quer viver, quer existir enquanto homem, tal como se mantém duradouramente e ama o seu ser-aí no mundo, assim o povo quer e ama o Estado como o seu modo de ser enquanto povo. (Heidegger, 2009, 76).

Por conseguinte, o ser não é um *summum ens*, uma substância situada acima do ente, e o Estado também não é um ente supremo, dotado de poder, diante do povo. O ser-aí — o ser do homem — só é no próprio homem que está a ser-aí (*Daseiendes*). De igual modo, o Estado "só *é* na medida em que *devém*, e *devém* o *ser histórico* do ente a que se chama povo" (Heidegger, 2000, 333).

O Estado não é, para Heidegger, um sujeito dominante, marcado diante do povo pelos atributos da autoridade e poder. Por seu lado, o povo não é, diante do Estado, um sujeito dominado, uma substância étnica marcada por uma identidade protegida pelo primeiro. No seu Estado, o povo vem a ser como abertura ao ser, coexistência ou ser-aí-com, exposição ao seu poder de arrebatamento. Mas que dizer sobre o Estado? Sobre este, para se referir à sua relação com o povo, Heidegger elege um termo que o coloca imediatamente em relação com Hegel. O Estado vem a ser povo, que assim se conquista como coexistência, na medida em que o Estado é "espírito". É "espírito" capaz de fazer com que o povo seja o que, na sua essência, é: ser-aí-com e exposição ao ser; "coexistência" e não uma substância étnica ou uma raça protegida por um poder soberano que a tutela. É por isso que, ao esboçar em seminários o seu pensamento como metapolítica, Heidegger procura elaborar a sua concepção do Estado como "espírito" em contraposição à concepção de Estado de Carl Schmitt, fazendo-o ao recusar que o Estado pensado por Hegel pudesse, como sugere Schmitt, ser compreendido como o Estado de funcionários do século XIX.

Em *Estado, Movimento, Povo*, livro pelo qual tentaria interpretar, logo em 1933, o sentido da chegada ao poder do nacional-socialismo, Schmitt entendera-a como um restabelecimento da autoridade do Estado e, por meio dela, uma restauração da unidade política na Alemanha. A garantia de unidade política numa sociedade civil burguesa, marcada pelo pluralismo dos partidos e pelo conflito dos interesses, era a grande questão política do século XIX, e o conceito de Estado em Hegel, pensado como superação dialéctica (*Aufhebung*) e resolução dos conflitos inerentes à sociedade, surgia como a resposta que se lhe oferecia. Para Schmitt, uma tal resposta não poderia deixar de ser insuficiente. Segundo ele, a unidade política não poderia ser conseguida por meio do Estado de funcionários do século XIX, mediante a contraposição entre Estado e sociedade e por meio do simples exercício do poder do próprio Estado. Longe de poder ser compreendido, de acordo com o paradigma do século XIX, como uma estrutura política e jurídica situada acima da sociedade, o Estado só poderia recuperar "liderança política" (*politische Führung*), garantindo a unidade política dessa mesma sociedade, ao articular-se com um "movimento" pelo qual o povo pudesse ser simultaneamente protegido e mobilizado.

Assim, no entender de Schmitt, o novo Estado nacional-socialista corresponderia a uma dupla transformação em relação ao Estado do século XIX. Por um lado, a partir de um Estado renovado, o qual seria agora a parte político-estática (*der statisch-politische Teil*) de um conjunto que teria no Movimento o seu elemento político-dinâmico (*das politisch-dynamische Element*), o povo alemão estaria em condições de voltar a ser uma unidade política, ordeira e politicamente mobilizada. Por outro lado, a readquirida autoridade do Estado, assegurando a unidade política através da sua articulação com o Movimento, garantiria que a ordem política fosse reposta e mantida, que os partidos subversivos fossem rechaçados e que o povo regressasse à sua condição de "lado impolítico que cresce sob a protecção e à sombra das decisões políticas" (*die im Schutz und Schatten der politischen Entscheidungen wachsende unpolitische Seite*) (Schmitt, 1933, 12). Tal implicaria, segundo Schmitt, que a velha dualidade liberal entre Estado e sociedade deveria ser substituída, no século XX, pela tríade de uma articulação política entre Estado, Movimento e Povo. Esta substituição significaria para a Alemanha, segundo Schmitt, "uma recuperação da liderança política [*politische Führung*]"; ou seja, o aparecimento de uma "construção diferente de Estado", que agora se dotava de "força para aniquilar o marxismo inimigo do Estado" e superava assim a dualidade liberal entre um Estado impotente e uma sociedade que se trataria de proteger e despolitizar. A solução do século XIX para compreender a unidade política — a ideia da autoridade do Estado como uma figura neutra e unitária, dialecticamente sobreposta à pluralidade das tensões sociais — estaria ultrapassada. Daí que Schmitt conclua da nomeação de Hitler como Chanceler: "Neste dia [30 de Janeiro de 1933], pode-se dizer, Hegel morreu" (Schmitt, 1933, 31-32).

Diante da conclusão de Schmitt, Heidegger, ao tentar pensar o nacional-socialismo a partir de uma perspectiva metapolítica, não pode deixar de rejeitar a concepção da relação entre Estado e povo que lhe estaria subjacente. No seu modo de ser enquanto coexistência, no ser-aí-com que o constitui na sua essência, o povo é já relação, é um lidar com o mundo que se constitui como abertura ao mistério do ser. Nesse sentido, ele é já o próprio ser que se dá "aí". Por isso, para Heidegger, o Estado alemão não seria senão o próprio ser do povo. É nesse sentido que é "espírito" ou consciência de si desse mesmo povo. Em linha com a sua concepção do Estado enquanto "espírito", Heidegger tenta atribuir à universidade alemã a tarefa de trazer o povo à "resolução determinada, sapiente à essência do ser" (Heidegger, 2000, 112). O Estado alemão não precisaria de se articular com um Movimento que, como sugeria Schmitt, lhe assegurasse domínio sobre o povo, despolitizando-o e protegendo-o como "lado impolítico" que vive à sombra das suas decisões políticas. Precisaria antes de se articular com a Universidade que daria ao povo saber ou consciência de si, convertendo-o em "espírito" enquanto ser desse mesmo povo. Assim, no seu famoso discurso de assunção do reitorado *A Auto-Afirmação da Universidade Alemã*, lido a 27 de Maio de 1933, Heidegger começa por afirmar que "os próprios guias" (*die Führer selbst*) têm de ser "os guiados" (*Geführte*): "guiados pelo carácter implacável daquele encargo espiritual que imprime o fado do povo alemão no cunho da sua história" (Heidegger, 2000, 107).

Colocada no lugar dos reis filósofos da *República* de Platão, a Universidade alemã, através do "serviço de saber" (*Wissensdienst*) que é próprio da sua essência, a par do "serviço de trabalho" (*Arbeitsdienst*) e do "serviço militar" (*Wehrdienst*) (Heidegger, 2000, 116), teria por missão despertar o povo para o seu ser Estado. E o Estado, por seu lado, não poderia ter por função despolitizar o povo, subordinando-o e colocando-o sob o seu domínio, mas teria a tarefa de ser povo, de ser o ser do povo, colocando-o diante da herança da sua história e do poder do seu futuro. Por isso, diz Heidegger, a essência do Estado não consistiria no exercício do poder: "o Estado "só 'tem' poder porque 'é' poder — e 'é' poder porque 'é' espírito" (Heidegger, 2011, 180). Ou seja, o Estado não teria poder porque o exerceria sobre o povo, colocando-se acima dele e dominando-o. Teria poder porque seria o próprio povo no seu ser, o povo consciente de si na sua coexistência, a própria coexistência enquanto "espírito"Ao lecionar, em 1934, um seminário dedicado ao conceito de Estado em Hegel, Heidegger elegerá o conceito do político de Schmitt, bem como a concepção de Estado que dele deriva, como o alvo principal da sua crítica metapolítica. Assim, a metapolítica será esboçada como uma confrontação com uma pretensa superação da política liberal que fica, nessa sua pretensão, presa aos pressupostos metafísicos do liberalismo. A concepção de Estado de Schmitt — assim como a concepção de povo por parte dos nacionais-socialistas, que encontravam na raça um valor supremo — permaneceria liberal. Schmitt, afirma Heidegger, "pensa de forma liberal" (Heidegger, 2011, 174). Do mesmo modo, pensaria de forma liberal o comunismo: Lênin, ao defini-lo como "poder soviético + eletrificação", mover-se-ia também no plano de um "domínio sobre o mundo ao modo da sua mobilização pela técnica" (Heidegger, 2004, 40). E assim pensariam tanto liberais como nacionais-socialistas, diferindo apenas em torno do ente que colocariam no lugar de valor supremo e poder dominante: os homens individuais ou o povo que os reúne coletivamente. Tratar-se-ia não de formas diferentes de pensar, mas de diferentes espécies de liberalismo, ou seja, de diferentes maneiras de pensar a partir de uma metafísica que constitui o sujeito como valor supremo e a subjetividade como princípio planetário de organização do mundo:

> A espécie de legitimação e da sua reivindicação, e da sua realização, é diferente consoante a espécie e o nível da subjetividade; seja se o sujeito for o 'singular' no sentido do liberalismo, seja se for a 'comunidade' ou a nação, ou o 'povo', ou a humanidade planetária no sentido do 'comunismo'". (Heidegger, 2004, 40).

Liberalismo é, para Heidegger, o nome que reúne todas essas concepções de um sujeito que domina o mundo. Diante dele e por contraposição a ele, a metapolítica consistiria em pensar o Estado como "espírito", isto é, como coexistência consciente de si mesma do povo no seu ser. Por isso, afirma Heidegger, a essência do Estado de Hegel, o "espírito", ao contrário do que propunha Schmitt, não teria sido ultrapassada com o Estado nacional-socialista. Não o teria sido na medida em que o Estado não seria, na sua essência, uma forma de dominação, não podendo, por isso, permanecer capturado pela forma liberal de pensar da metafísica do sujeito moderno. Este Estado, esperava Heidegger entre os anos de 1933 e 1934, poderia ser pensado de forma metapolítica e não liberal. Pensado como "espírito", não corresponderia à despolitização do povo alemão, mas à sua politização no sentido da sua consciência de si ou do seu saber sobre si mesmo, isto é, no sentido da sua confrontação com a própria essência enquanto coexistência exposta à perturbação do ser. Daí que Heidegger escreva, nas notas do seu seminário sobre o conceito de Estado em Hegel: "A 30.1.33, "Hegel morreu" — não! Ele ainda não "viveu"! — só aí se tornou *vivo*" (Heidegger, 2011, 85). A metapolítica seria, para Heidegger, a chegada do Estado à sua verdadeira vida: uma vida que lhe seria dada não enquanto governo ou instância de dominação do povo, mas enquanto ser desse mesmo povo; um povo que, então, chegaria à coexistência, enquanto ser-aí-com, para lá do liberalismo e da metafísica do sujeito moderno que lhe serve de fundamento.

Referências bibliográficas

BERTHOLD, LUTZ (1999). *Carl Schmitt und der Staatsnotstandsplan am Ende der Weimarer Republik*. Berlin: Duncker & Humblot.

HEIDEGGER, M. *Wegmarken*. ed. Friedrich-Wilhelm von Herrmann, Gesamtausgabe 9. Frankfurt, Vittorio Klostermann, 1976.

______ *Sein und Zeit*. ed. Friedrich-Wilhelm von Herrmann, Gesamtausgabe 2. Frankfurt, Vittorio Klostermann, 1997.

______ *Metaphysische Anfangsgründe der Logik im Ausgang von Leibniz*. ed. Klaus Held. Gesamtausgabe 26. Frankfurt, Vittorio Klostermann, 1978.

______ *Hölderlins Hymnen "Germanien" und "Der Rhein"*. ed. Susanne Ziegler. Gesamtausgabe 39. Frankfurt, Vittorio Klostermann, 1980.

Heidegger, Martin (1983). *Einführung in die Metaphysik*. ed. Petra Jaeger. Gesamtausgabe 40. Frankfurt, Vittorio Klostermann.

______ *Phänomenologie der Anschauung und des Ausdrucks*. ed. Claudius Strube. Gesamtausgabe 49. Frankfurt, Vittorio Klostermann, 1993.
______ *Logik als die Frage nach dem Wesen der Sprache*. ed. Günter Seubold. Gesamtausgabe 38. Frankfurt, Vittorio Klostermann, 1998.
______ *Reden und andere Zeugnisse eines Lebensweges*. ed. Hermann Heidegger. Gesamtausgabe 16. Frankfurt: Vittorio Klostermann, 2000.
______ *Vorträge und Aufsätze*. ed. Friedrich-Wilhelm von Herrmann. Gesamtausgabe 7. Frankfurt: Vittorio Klostermann, 2000a.
______ *Zu Ernst Jünger*. ed. Peter Trawny. Gesamtausgabe 90. Frankfurt: Vittorio Klostermann, 2004.
______ "Über Wesen und Begriff von Natur, Geschichte und Staat". *In* Denker, Alfred; Zaborowski, Holger (ed.). *Heidegger und der Nationalsozialismus: Dokumente. Heidegger-Jahrbuch*. vol. 4. Freiburg / München, Karl Alber, 2009.
______ *Seminare Hegel — Schelling*. ed. Peter Trawny. Gesamtausgabe 86. Frankfurt: Vittorio Klostermann, 2011.
______ *Überlegungen II-VI (Schwarze Hefte 1931-1938)*. ed. Peter Trawny. Gesamtausgabe 94. Frankfurt, Vittorio Klostermann, 2014.
NOACK, P. *Carl Schmitt: Eine Biographie*. Frankfurt: Ulstein, 1996.
SCHMITT, C. *Staat, Bewegung, Volk*. Hamburg: Hanseatische Verlagsanstalt, 1933.
______ *Tagebücher 1930 bis 1934*. ed. Wolfgang Schuller. Berlin, Akademie Verlag, 2010.

Sobre os Autores

Roberto Esposito é um dos filósofos italianos mais importantes da atualidade. Foi professor da "Scuola Normale" de Pisa. Dentre os seus livros (traduzidos em vários idiomas) destacamos *Bíos. Biopolitica e Filosofia* (2004), *Communitas* (2006), *Due. La macchina della teologia politica e il posto del pensiero* (2013), *Da fuori. Una filosofia per l'Europa* (2016), *Immunitas* (2020), *Pensiero istituente. Tre paradigmi di ontologia politica* (2020).

Laura Bazzicalupo é filósofa da política. Foi professora da "Università di Salerno" e Presidente da "Società Italiana di Filosofia Politica". Dentre os seus livros se destacam *Il governo delle vite. Biopolitica ed economia* (2006), *Superbia. La passione dell'essere* (2008), *Eroi della libertà* (2011), *Biopolitica. Una mappa concettuale* (2010), *Politica. Rappresentazioni e tecniche di governo* (2013), *Dispositivi e soggettivazioni* (2013). Organizou o livro *Dialoghi sulla sinistra. Contingenza, egemonia, universalità* (2010) com as contribuições de Judith Butler, Ernesto Laclau e Slavoj Zizek.

Rossano Pecoraro é filósofo da política e professor do Departamento de Filosofia da Universidade Federal do Estado do Rio de Janeiro (UNIRIO). Coordena o "Laboratório de Filosofia Política e Moral Gerardo Marotta" (CNPq/

UNIRIO). Dentre as publicações mais recentes (em português) destacamos *O realismo do mal. A agonia da democracia e o demo-fascismo no século XXI* (2018), *Arqueologia da Imagemlatria. Ou sobre como nos tornamos 'templos de ídolos'* (2020), *Profanar o Nada. A luta de gigantes e o núcleo vazio da máquina política* (2020), *Entre Estética e Política* (2021, com Eladio Craia), *O que resta da biopolítica? Quatro fragmentos tempestivos* (2021), *Apontamentos sobre extensão, cuidado e alteridade* (2023), *O Estado no divã. Ou da luta contra a ideologia e a milicização do poder* (2024). As suas pesquisas atuais se concentram na questão do Poder na História do pensamento filosófico e jurídico ocidental, na elaboração de uma filosofia política ameríndia, na investigação do surgimento dos fascismos sociais/culturais no século XXI e na análise filosófica do impacto político e social do advento das criptomoedas e da tecnologia blockchain.

Ricardo Espinoza Lolas é um acadêmico, escritor, teórico crítico e filósofo chileno. Doutor em Filosofia pela Universidad Autónoma de Madrid e Catedrático de História da Filosofia Contemporânea na Pontifícia Universidade Católica de Valparaíso. É membro, entre outras instituições, do Center for Philosophy and Critical Thought da Goldsmiths, University of London. Sua obra articula o pensamento de G.W.F. Hegel com a Teoria Crítica contemporânea, imbricada com a fenomenologia de X. Zubiri e o pensamento estético-criativo de F. Nietzsche. Com essa matriz, seu pensamento busca responder à cultura de nosso tempo e, ao mesmo tempo, apresentar novas lógicas criativas que permitam abrir uma alternativa ao capitalismo global dominante. Entre os livros que escreveu ou coeditou, destacam-se: *Realidad y tiempo en Zubiri* (2006), *Zubiri ante Heidegger* (2008), *Hegel. La transformación de los espacios sociales* (2012), *Flashback, miradas y gestos* (2012), *Realidad y ser en Zubiri* (2014), *El cuerpo y sus expresiones* (2014), *Hegel y las nuevas lógicas del Estado*, com prefácio de Slavoj Žižek e epílogo de de Alberto Toscano (2016; Seg. Ed. 2017), *Lacan en las lógicas de la emancipación* (2018), *Capitalismo y empresa. Hacia una Revolución del NosOtros*, com prefácio de Slavoj Žižek e epílogo de Eugenio García (2018).

Juan Manuel Aragüés Estragués, é professor titular de Filosofia na Universidad de Zaragoza e pesquisador principal (IP1) dessa instituição. Publicou diversas obras sobre Sartre (*El viaje del Argos. Derivas en los escritos póstumos de J.P. Sartre* (Mira, Zaragoza, 1995), *Sartre en la encrucijada* (Biblioteca Nueva, Madrid, 2004), *Deleuze* (Ediciones del Orto, Madrid, 1998), *Marx* (RBA, Barcelona, 2019); *El dispositivo K. Marx* (PUZ, Zaragoza, 2018) e sobre diversos aspectos da filosofia contemporânea: *Líneas de fuga. Filosofía contra la sociedad idiota* (FIM, Madrid, 2002), *De la vanguardia al cyborg* (PUZ, Zaragoza, 2020), *Deseo de multitud. Diferencia, antagonismo y política materialista* (Pre-Textos, Valencia, 2019), *De idiotas a koinotas. Para una política de la multitud* (Arena Libros, Madrid, 2020), *La escritura de los dioses. Política para una (im)posible gramática de lo real* (Prensas de la Universidad de Zaragoza, 2024). Além disso, traduziu *Mallarmé*, de Sartre (Arena Libros, Madrid, 2008), y *Los afectos de la política*, de F. Lordon (PUZ, Zaragoza, 2016).

Eladio Constantino Pablo Craia é filósofo e professor. É doutor em Filosofia pela Universidade Estadual de Campinas e fez estágios pós-doutorais na Universidad de Valencia e de Zaragoza, na Espanha. Atualmente é professor adjunto do Curso de Filosofia e do Programa de Pós-graduação em Filosofia da Pontifícia Universidade Católica do Paraná, PUCPR. É bolsista de produtividade em pesquisa nível 2 do CNPq, bem como membro de vários grupos de pesquisa do próprio CNPq. Suas áreas de pesquisa são: Filosofia Contemporânea, com ênfase em ontologia e na questão da Técnica e da tecnologia contemporâneas; seus autores mais trabalhados são: G. Deleuze, M. Foucault, G. Simondon e

M. Heidegger. Publicou os livros: *A Problemática Ontológica em Gilles Deleuze; Ressonâncias Filosóficas: entre o pensamento e a ação*, (com Eliane Souza); *Entre Estética e política*; (com Rossano Pecoraro); bem como vários artigos e capítulos no Brasil e no estrangeiro.

Diego Tatián é doutor em Filosofia pela Universidade Nacional de Córdoba e diplomado em Ciências Culturais pela Scuola di Alti Studi di Modena (Itália). Atualmente, trabalha como professor na UNSAM e como Pesquisador Independente do Conicet no Laboratório de Pesquisa em Ciências Humanas da UNSAM. Seus últimos livros são: *Spinoza dissidente* (2019), *Leituras imaginárias. Spinoza, Felicidade e Rebelião* (2020), *Ódio. Considerações spinozistas* (2021), *Spinoza e arte* (2022) e *Filosofia e vida. Doze Lições com Spinoza* (2023). Foi diretor da editora da Universidad Nacional de Córdoba - UNC entre 2007 e 2011 e reitor da Faculdade de Filosofia e Humanidades da mesma Universidade entre 2011 e 2017. Foi professor visitante em universidades da França, Estados Unidos, México, Brasil, Equador, Colômbia, Chile, Espanha e Peru.

Mariana de Gainza é socióloga formada pela Universidade de Buenos Aires (UBA) e doutora em Filosofia pela Universidade de São Paulo (USP), Brasil. Atualmente é professora da disciplina "As Aventuras do Marxismo Ocidental", no Curso de Ciência Política da Faculdade de Ciências Sociais da UBA. Ela é Pesquisadora Assistente do CONICET, sediada no IIGG. Publicou vários artigos sobre Spinoza e debates contemporâneos sobre imanência e dialética. É autora do livro *Spinoza: Uma filosofia materialista do infinito positivo* (Edusp, São Paulo, 2011).

Alexandre Franco de Sá é Professor de Filosofia na Universidade de Coimbra (Portugal) e colabora no Programa de Pós-Graduação em Filosofia da Pontifícia Universidade Católica do Paraná. A sua área de maior especialidade é a filosofia social e política, abrangendo desde a filosofia antiga à contemporânea. Estudou na Universidade Católica Portuguesa; na Universidade de Lisboa; e na Universidade Albert Ludwig (Freiburg, Alemanha). Ingressou como Assistente na Universidade de Coimbra em 2000, Universidade onde se doutorou, em 2007. Foi Presidente da Associação de Professores de Filosofia (2006-2015). Lecionou no Brasil entre 2015 e 2017. Ganhou o Prémio de Tradução Científica FCT-União Latina (2003), participando no Grupo Heidegger em Português, pela tradução para português da obra *Holzwege* de Martin Heidegger, e foi distinguido com o Prémio FLUC-Ensino (2020), que premeia a excelência docente na Faculdade de Letras da Universidade de Coimbra.

pólen bold 90 gr/m2
tipologia calisto mt
impresso no outono de 2023